Vivre Heureux... C'est Mieux !

Avant-Propos

Ce livre est un outil de développement et
d'épanouissement personnel... Pas un roman.

Pour conseil – Après chaque chapitre, je vous invite à
noter vos réflexions et interrogations sur les pages
blanches du livre et/ou vous voulez.

Prenez conscience aussi, qu'il faut tester ce que vous
aurez lu, en mettant en application les actions qui vous
sont recommandées.
Celles-ci vous conduiront assurément vers de petits
plaisirs devenant au fil du temps de grands moments de
Paix, de Bien Être et de Joie de Vivre !

Ce livre touche essentiellement aux valeurs Humaine.
Il n'a donc pas été écrit avec l'I.A.

PHH

Je ne suis plus Heureux ☹

Je vous répondrai alors que vous refusez d'accepter ce qui est ou n'est plus… Et ne sera, d'ailleurs, jamais plus.

Mon conseil – Embrassez le Présent et Acceptez le, comme il est. Il vous offre assurément le Changement et la Nouveauté.

Hier n'existe plus et demain non plus.

Si vous n'êtes plus heureux… Je vous invite sérieusement à répondre à vos Envies et Besoins… En les Vivant !

Re-Mettez les Verbes Positifs en Action !
Ces beaux Verbes que j'appelle : Jouer, s'Amuser, Rigoler et bien d'autres verbes d'Enfants Vivant le Jeu de la Vie.

Re-Parlez Récréatif !

Ces mots viennent du cœur et sont tes 1er pas, pour Vous rendre Heureux de Vivre.

Est-il difficile d'Être Heureux !?

Si vous rêvassez votre vie... Oui !
Si dans votre tête vous vous faites des scénarios idéaux...
Oui !
Si vous pensez ou attendez que l'autre ou la situation
change... C'est encore Oui !

Dans ces cas, vous n'êtes pas dans la – Réalité.
Vous êtes dans le fantasme qui est une échappatoire à la
Réalité qui vous fait penser : « Je ne suis pas Heureux ».

Pourquoi ?
Vous fabriquez des satisfactions de substitutions, bien
souvent difficiles à abandonner car elles sont pour vous,
rassurantes, refuges et confortables.

Les personnes malheureuses sont souvent des gens qui ne
supportent pas l'adversité créant en eux des tensions
entrainant des conflits.
Conflits donnant droit à des frustrations se terminant
par des violences.

Ces personnes pour qui, ce n'est jamais assez bien !
Comme il faudrait que ce soit.

Mon Conseil – Évitez de prendre parti sur des histoires,
des évènements ou des situations dont vous n'êtes pas
l'auteur.

Et si vous voulez qu'il en soit autrement... Alors créez et
offrez vos savoirs et expériences en offrant votre travail.
Apportez votre contribution et faites sourire les gens !

*Votre « Malheur » deviendra alors le Bonheur de vous
rendre Heureux.*

*Et si vous êtes heureux vous transmettez la joie !
N'oubliez jamais çà.*

Peut-on choisir d'Être Heureux ?

La réponse est : OUI !
Mais n'oubliez pas qu'être - Heureux - c'est être comme
un enfant... Heureux dans la Simplicité - Heureux dans
l'inconscient.

L'Enfant qui jouit naturellement de la Vie, de l'instant
présent et qui, s'il n'est pas heureux là où il est, stoppera
le jeu et/ou en changera illico presto.

Pour parler de Vous - L'adulte - Il vous faudra renoncer
à jouer de votre Ego qui veut consciemment ou
obsessionnellement tout imposer et/ou tout contrôler.

Pas facile n'est-ce pas d'être Heureux quand on est
Adulte... Surtout avec les Autres qui vous collent des
responsabilités et des devoirs d'être sérieux.

Pour conseil, je vous invite sérieusement à prendre
beaucoup de recul sur vos obligations comme vous aimez
les appeler. Apprenez donc à les regarder autrement...
Ceci vous mènera, souvent, à en rire.

En conclusion, l'enfant a très facile de jouer seul pour
être heureux... Que, le bonheur de l'ado se situe dans le
social. Pour lui, il faut être plusieurs pour rigoler et
s'amuser.
Pour l'Adulte, l'éventail s'élargit dans tout et n'importe
quoi, jusqu'à l'épuiser et le perdre.

Encore une fois c'est la société qui vous a enseigné ce
« plastique bonheur ».

Revenez un enfant... Même si ce n'est qu'une heure par jour.

Le temps de vous Re-Trouver.

Franchement... Ceci est un des Grands Essentiels !

A faire et à vivre.

Comment Être Heureux ?

Pour Magnifique exemple, je vous partage le texte très parlant de Mme Emmanuelle Baudin.

Lors d'un séminaire consacré aux couples, un des conférenciers a demandé à une femme dans l'assistance :

« Madame, votre mari vous rend-il heureuse ?
Vous rend-il vraiment heureuse ? ».

*- À ce moment, le mari sûr de lui, sourit.
Il savait que son épouse répondrait par l'affirmative car elle ne s'était jamais plainte.*

Cependant, sa femme a répondu par un « NON » tonitruant, un non bien ferme et catégorique !

« Non, mon mari ne me rend pas heureuse ! ».

- Son mari fut complètement déconcerté... Elle continua :

« Mon mari ne m'a jamais rendue heureuse et il ne me rend pas heureuse... Je suis heureuse ! Le fait d'être heureuse ou pas ne dépend pas de lui, mais de moi.

Mon bonheur ne dépend que d'une seule personne, MOI !

C'est moi qui décide d'être heureuse dans chaque situation et à chaque moment de ma vie car si mon bonheur dépendait de quelqu'un, de quelque chose ou d'une circonstance sur la face de la terre, j'aurais de graves problèmes.

Tout ce qui existe dans cette vie change en permanence :
les relations, la météo, mon corps, les plaisirs, les amis,
mon appétit, mes santés physique, mentale et financière,
etc... Enfin, la liste est interminable.

Mon secret... Décider d'être heureuse indépendamment
de tout le reste.

- Que ma maison soit vide ou pleine, je suis heureuse !
- Que je sorte accompagnée ou seule, je suis heureuse !
- Que je gagne un bon salaire ou non, je suis heureuse !

Je suis aujourd'hui mariée mais j'étais déjà heureuse
célibataire.

Je suis heureuse par moi-même... En vivant des
expériences avec les autres.

Les autres qui peuvent, ou non, m'apporter des moments
de joie ou de tristesse.

Quand une personne que j'aime meurt, je suis une
personne qui vit un moment d'émotion inévitable... Et qui
vit de l'émotion, vit.

J'apprends grâce aux expériences passagères et je vis
celles qui sont éternelles comme aimer, pardonner,
comprendre, apprendre, aider, accepter, écouter,
communiquer et consoler.

Certaines personnes se trompent en affirmant : « Je ne
peux pas être heureuse à cause de. Ou parce que » :

- Je suis malade - je manque d'argent - de temps.
- Il fait très chaud - trop froid.

- Mon patron m'a insulté - licencié !
- Il/elle ne m'aime plus - il/elle m'a quitté.
- Mes amis me déçoivent.
- Je suis victime de...
- Et tant d'autres que vous avez l'art de confectionner.

Moi, j'aime la vie que je mène, pas parce que ma vie est
plus facile que celle des autres... Mais bien parce que j'ai
décidé d'être simplement heureuse en n'accusant
personne de ne pas me rendre heureuse.

Quand j'enlève cette obligation à mon conjoint et à toute
autre personne, je les libère du poids d'être responsables
de mon bonheur.
Leur vie et leur compagnie sont ainsi plus légères.

C'est ainsi que j'ai réussi à avoir des amis et un mariage
heureux tout au long de ces années.

Ne laissez jamais votre bonheur entre les mains d'une
autre personne. Une responsabilité aussi grande doit être
la vôtre. Assumez là ! Assurez là.

Soyez heureux, même quand il fait chaud, même quand
vous êtes malades, même quand vous n'avez pas d'argent,
même quand une personne vous a blessé, même quand on
ne vous aime pas/plus ou qu'on ne vous estime pas à
votre juste valeur.

Un essentiel valable pour VOUS ! Toutes & Tous.

Quand sommes-nous le plus Heureux !?

Un sondage révèle qu'il n'y a pas d'âge pour être Heureux et que tout être humain âgé de plus de 50 Ans questionné, a répondu un âge différent.

La question à se poser est donc pourquoi ?
Pourquoi certains disent 7 Ans et d'autres 18, 29, 42 ou autres... Pourquoi, la période de l'enfance ou de l'adolescence ou de l'adulte est-elle préférée ?

Et bien tout réside dans l'action d'avoir pu être et faire ce que l'on avait envie de créer et de réaliser.

En majorité, les personnes parlent souvent du jour où elles ont vu se concrétiser leur idéal, un projet ou encore un rêve. Entre devenir parent ou diplômé ou propriétaire, c'est l'obtention du titre honorifique qui les a rendus heureux. Nous sommes donc 'les plus Heureux' quand nous avons atteint un statut.

Mais encore...
Quand nous sommes émerveillés.
Et oui, l'émerveillement est un des grands essentiels à notre Bonheur.
L'émerveillement est ressentir et éprouver un sentiment d'admiration pour quelque chose ou quelqu'un. Celui-ci fait, que OUI, ceci nous rend HEUREUX aussi.

On a donc besoin de s'émerveiller et d'être émerveillé... A l'image de l'Humoriste - Inès Reg - qui le revendique dans un de ses sketchs à travers sa phrase culte : « C'est quand que tu vas mettre des paillettes dans ma vie Kévin !? ». Ainsi, elle nous rappelle que l'émerveillement est important pour nous rendre heureux.

Aujourd'hui, avec notre Âme d'Enfant, nous cherchons encore et toujours inconsciemment à être ébloui, épaté, abasourdi ou encore ébahi.

Rappelez-vous quand, pour la première fois, Vous vous êtes retrouvé face à l'immensité de la mer... Quand vous avez survolé des sommets enneigés... Quand vous avez caressé un animal « en vrai »... Quand vous avez assisté au lever ou coucher de soleil... Souvent émerveillé par la beauté, d'un spectacle féérique... D'un personnage fantastique ou d'un objet fascinant.

Nous oublions trop souvent de nous arrêter 2 Minutes dans notre vie effrénée pour simplement admirer la beauté des choses qui nous entourent.

Pour anecdotes, à l'époque taximan, je démarrais ma tournée à 6H00... Mes premiers élèves à embarquer habitaient sur le toit de la Belgique. Dans un petit village planté en bordure du Parc Naturel des Hautes Fagnes que je traversais par habitude la tête dans le volant... Jusqu'au jour où, trop tôt sur mon horaire, je me suis arrêté pour admirer le soleil levant aux couleurs bleu pastel et rose bonbon dans un décor enneigé et embrumé... Splendide !

Ainsi toute ma journée fut colorée de bonne humeur.

Échappez au rationnel, à la routine et à la banalité vous empêchera d'être blasé de la vie.

Prenez le temps... De vous émerveiller...

En bref... Être Heureux c'est quoi !?

Quand on est Heureux d'avoir une belle voiture... Une belle maison... C'est de la satisfaction.

Quand on est Heureux d'avoir réussi un examen... De faire un bébé... C'est de la fierté.

Quand on est Heureux d'aller à un concert... De partir en voyage... C'est de l'excitation.

Quand on est Heureux d'avoir bien bu et bien mangé... C'est du plaisir !

Tous ces états émotionnels agréables... Font que oui ! Effectivement, ils sont importants car ils procurent des moments de bien être où l'on se sent joyeux.
Et tant mieux !

Mais si tu cherches ton bonheur dans toutes ces choses... Tu ne seras comblé qu'un instant.

Le vrai Bonheur d'être Heureux en permanence se trouve dans la Paix ! Dans l'Amour inconditionnel... La bonté, l'altruisme et la liberté d'expression.

Le Vrai Bonheur se trouve dans l'Art
de te Rendre Heureux.

Qu'est-ce que la vie ?

-   Question existentielle.

La VIE c'est Naître, Vivre et Mourir.
Tout Simplement !

Si vous n'acceptez déjà pas ça, c'est qu'il y a des peurs en vous... Celles de vivre, de vieillir et de mourir.

Des peurs qui sont, sans aucun doute, gravées en vous et qui vous ont été transmises par vos parents ou autres adultes.
Des peurs qui, à l'heure d'aujourd'hui, résonnent encore dans vos têtes.

Pour exemples, dans la catégorie des Expressions Négatives Transmises (ENT), en voici deux classiques qui vous empêchent d'avancer positivement :

« La vie est une tartine de merde et on en mange un bout
tous les jours ».

« Nos plaisirs les plus doux ne vont pas sans tristesse ».

Si Vous avez encodé ce style de dictas négatifs, ayant entrainé des blocages dans vos choix et actions, il faut les effacer de votre cerveau.

Les effacer en vous répétant TOUS les jours :

« La vie est belle, je l'aime et lui fais confiance - Elle m'appartient à Moi et à moi Seul ».

Il serait bon aussi de ne pas rendre visite aux personnes qui vous ont enseigné ces phrases, dictons ou proverbes négatifs... Car, quand vous les fréquentez trop souvent, vous vous exposez à les réentendre... Et donc, par ce fait, vous restez un enfant influencé et vivant à travers eux.

Comment voulez-vous vivre VOTRE vie, si Vous n'êtes pas pleinement VOUS ?

En conclusion, je vous conseille de balayer, d'enterrer et d'oublier les périodes noires de votre enfance.
Les raconter et les ressasser n'est jamais bon pour avancer. Elles entrainent souvent de la nostalgie voire des regrets et des remords.
Bref, vous êtes dans les Souvenirs Négatifs et ce n'est pas bon.

Pour clore ce chapitre, je vous invite à poser le bilan de votre vécu sur une feuille blanche.
Ainsi, vous allez effectuer une thérapie personnelle sans vous en rendre compte.

Pourquoi ?
Pour vous redécouvrir, pour vous rappeler, pour vous comprendre et surtout pour vous reconnaître.

Mais alors... Comment ?
En écrivant votre Biographie, que ce soit sur votre PC ou autres support, vous allez mettre un terme au négatif.

C'est un des meilleurs outils de Développement Personnel en Psychothérapie.

Vous serez surpris de son efficacité.
Allez-y... Faites-vous plaisir !

Questionnement Essentiel

-    Quels sont les 2 éléments Vitaux pour Vivre ?

Eh bien, contrairement à ce qui vous a été dicté et enseigné par vos parents, enseignants, éducateurs, publicitaires et autres...

Ces éléments sont – l'Air & l'Eau.
Rien d'autre !
Et oui, sans pouvoir respirer et vous hydrater... Vous seriez déjà mort !

Pour le reste...Tout est relatif et optionnel.

Pour mieux comprendre, observez les animaux.
Ah oui mais, me direz-vous :
« Nous ne sommes pas des bêtes ! ».
Et bien... Si !
Nous sommes des êtres vivants comme les animaux.
Ce qui nous différencie d'eux est que nous sommes tout simplement plus développés.
Du coup, plus malins et plus intelligents.

Par contre, la force imbattable de l'animal est l'instinct !
Sauf quand l'homme se prend d'affection pour celui-ci en le mettant en cage.
A ce moment, l'animal, contaminé par l'homme, devient agressif, dépressif, boulimique et parfois même malade...
Comme lui.

L'homme qui se complique la vie et se charge d'obligations et de contraintes inutiles tandis que l'animal pas.

*L'animal qui, dans ce cas, a - l'Art de Vivre - par rapport
à l'homme.*

*A ce sujet, quand vous irez par tradition et par fausse
obligation, balader votre caddie à travers les rayons de
votre supermarché favori, passerez au car-wash,
tondrez la pelouse, regarderez le journal télévisé de 13h,
passerez l'aspirateur, etc... Vous penserez à moi.*

*Vous penserez surtout à partager des moments de
complicités et/ou intimes avec qui vous voulez en
l'invitant à boire un verre en terrasse ou au coin d'un feu
de bois... Vous penserez aussi, à créer des moments à
Vous et pour Vous !*

*Vous irez oxygéner et hydrater vos corps, âme et esprit
au Grand Air !*

*Ce sera beaucoup mieux que votre protocole du week-
end avec ses obligations à la con.*

C'est essentiel à votre Excellente Santé.

Les Parents

-    Personnes avec qui on a un lien.

Une espèce de personnes capables de tout !
Capables de vous nourrir, de vous aimer, de vous
éduquer, de vous payer des cadeaux.
Mais aussi, de vous mentir, trahir, violer, voler,
abandonner, culpabiliser, etc...

Si vous avez, ou avez eu, des parents théoriques, ils vous
auront élevé en vous dictant les belles manières sociales
à défaut des vraies et bonnes valeurs humaines.

Si vous êtes enfant de parents nourriciers, vous avez eu
de la chance ! Ils vous auront transmis leurs expériences
et auront répondu à vos questions et attentes d'enfants.
A ne pas confondre avec les parents dits : « Théoriques »
qui, dépourvus d'instinct, ont élevé leur(s) gosse(s) en
leur procurant des biens matériels et de l'argent sans
jamais comprendre les vrais besoins de leurs ados !

On distingue généralement les trois catégories en
observant et écoutant tout simplement.

Le parent dit : « Bon Chic - Bon Genre ».
Pour lui, il ne faut pas gratter dans son nez quand bon
lui semble, il faut se retenir de manger car ce n'est pas
l'heure du repas. Il ne faut pas dire ce que l'on pense, ni
ce que l'on ressent... Cela ne se fait pas !
Il faut se rendre dans des pseudos fêtes, esquisser un
large sourire à des gens à qui on vous demande de serrer
la main, d'échanger avec eux avec des conversations
dont vous n'en avez rien à foutre !
Pour exemple... Voici une petite story.

Lors d'un repas entre couples « bc-bg », une odeur nauséabonde a été captée par nos nez de fins gourmets.

- Qui a pété ? Dis-je.
- C'est moi ! Répondit Bernard.
- Tu es dégueulasse, dit sa femme.
- Je sais chérie, mais il vaut mieux une mauvaise odeur pour tout le monde qu'un mal de ventre pour soi-même.

Voilà une des bases du bien-être. Et oui, les retenues verbales et physiques sont mauvaises pour vos santés physique et psychologique.
C'est exactement comme se forcer ou être forcé à manger, dormir, étudier, alors que votre corps n'en ressent pas l'envie ni l'utilité. Vous allez contre nature...
Contre vous-même, contre votre Bien Être.

Il est donc temps de réapprendre à vous exprimer comme quand vous étiez un enfant !

- *Je ris parce que je suis joyeux - Je pleure parce que je suis triste - Je mange parce que j'ai faim - Je dors parce que je suis fatigué.*

Ce sont les - Grands Essentiels - à Vivre pour Être Heureux !

L'Obligation

- Contrainte et devoir vis-à-vis d'autrui.

Vos Parents et d'autres vous ont fait croire que vous êtes obligé de faire, de dire, de... Que vous n'avez et que vous n'aurez jamais le choix de...

Et vous, aujourd'hui, vous vivez toujours et encore avec ces faux dictas.
Mon Dieu ! Quelle erreur.

Rappelez-vous, quand on vous a dit : « L'école est obligatoire ! Tu vas devoir y aller jusqu'à tes 18 ans ».

C'est faux ! Totalement faux.
L'instruction nationale est obligatoire... Pas la scolarité.
Nuance !

Mais, dans ce cas, le parent souvent occupé professionnellement, préférera scolariser son enfant, que de lui donner une instruction à domicile via les cours faciles à obtenir au ministère de l'Éducation Nationale. Sur ce, je resterai positif en pensant à certains parents qui n'ont aucune pédagogie, ni aucune patience, ni quotient intellectuel suffisants pour expliquer la matière à leur(s) enfant(s).

Dans ce cas, oui, il est préférable que l'enfant aille à l'école.

L'obligation est la règle numéro 1 du système d'état au détriment du Bonheur.

Pour exemple : Rappelez-vous de votre service militaire (pour les anciens), votre obligation de vote, de passer vos examens au permis de conduire, vos devoirs d'être vacciné, de payer un passeport pour voyager, etc.

Toutes ces obligations sont bien sûr attenantes au système d'état, et vivre dans le système vous y oblige.

Par contre, vous n'êtes pas obligé de vivre dans le système !

Personne ne vous y oblige... Même si vous y êtes né.

A méditer...

Oui ou Non ?

- Adverbes d'affirmations qui répondent à une question.

Le pouvoir de dire OUI ou NON est une force !
La force d'être SOI.

Apprendre à dire NON... Savoir dire NON.
OSER dire Non !

Le NON est à la base une Affirmation, une prise de position. Nous le voyons chez l'enfant dans sa période de négation, là où il dit Non à Tous et à Tout.

Le NON est une Liberté pas une obligation, ni une impolitesse, ni une agression.

La difficulté de dire - NON - vient encore une fois de l'enfance... De l'éducation dans laquelle on vous a appris à dire : « Non Merci »... Pour être soit disant 'gentil' et poli.
Surtout ne pas frustrer la personne qui reçoit le non.
Personne qui va de toute manière interpréter votre - non - à sa façon.
Quand j'éprouve des difficultés à dire - Non - aux autres, c'est que j'ai peur de leur réaction.
Je crains de les frustrer. Donc, je ne leur dis pas non.
Ainsi, j'évite de me fâcher avec eux.

Dans les grands classiques, le parent qui ne dit jamais non à son enfant a peur de perdre l'amour de celui-ci.
Ce qui est encore une belle erreur !
L'Amour ne dépend nullement d'un - Oui - ou d'un - Non.

*C'est Vous qui interprétez et traduisez le NON comme : «
Il ne m'aime pas ».*
*Et pour vous faire craquer, voire vous faire culpabiliser,
l'enfant vous dira : « Si tu ne me le donnes pas ou ne me
le payes pas, c'est que tu ne m'aimes plus ».*

*Savoir dire - OUI - à ce qui vous convient et - NON - à ce
qui ne vous convient pas est LA base à enseigner à votre
enfant.*

Côté Psy... Comment fonctionne la négation ?

*La répression primordiale vient des parents qui
marquent l'interdiction répétitive et conditionnelle des
désirs chez l'enfant. Le désir en tant qu'adulte va être
alors très difficile à exprimer... Car dans votre
subconscient le désir est interdit ! Imaginez les dégâts
dans votre vie.*

*Le oui et le non sont inconscients car l'inconscient ne
calcule rien... Bien ou mal, il s'en fout ! Il exprime
naturellement son désir. Il peut aussi refouler une
personne comme un objet parce qu'il ne le désire pas.
C'est le subconscient et le conscient qui vont perturber et
fausser votre expression du oui ou du non.*

J'explique :
*Un commercial vous téléphone sans cesse, pour vous
vendre ses produits.*
*La première fois, vous le remerciez poliment en lui
expliquant que ses offres ne vous intéressent pas... Et
vous raccrochez en lui disant : « Non merci, c'est bien
gentil, pas pour le moment, peut-être plus tard ».*

Mais le télé vendeur retéléphone et retéléphonera encore et encore... Pourquoi ?!

Parce que la première fois, vous n'avez pas été capable de lui dire un NON ferme et arrêté.
Vous avez dit – Non merci, c'est bien gentil, peut-être plus tard... Blablabla.
Donc, vous avez sous-entendu un OUI !
La preuve, il retéléphone.

En disant à quelqu'un – Attends, on va voir, je ne sais pas, il faut que je réfléchisse, etc... Vous lui dites encore oui, alors que vous vouliez lui dire non.

Ok, me direz-vous, mais j'ai dit : « oui » pour qu'il me fiche la paix.

J'ai dit : « oui » pour ne pas fâcher, rentrer en conflit et/ou rester poli(e).

Ainsi, vous avez tout faux.

Bref, la prochaine fois pensez au chapitre... Il vous aidera à dire : NON – Poliment – Gentiment – Mais surtout... Fermement !

Le Temps

-   Dimension infinie dans l'espace.

Comme demandé au début de ce livre, prendre le temps est vital au Bonheur.

La vie dite 'Active' ne vous permet pas toujours d'avoir le temps.
Mais vous devez le prendre... Vous l'offrir !
Personne d'autre que vous ne vous le donnera.

-   *Le temps de lire, mais aussi de faire la sieste.*
-   *Le temps d'écouter et d'admirer.*
-   *Le temps de vous balader et de flâner sur la plage ou dans le bois.*
-   *Le temps de vous relaxer.*
-   *Le temps de ne rien faire.*

Ce temps qui passe et qui s'en va...
Ne croyez pas le rattraper.
La prochaine fois... Ne le laissez pas s'échapper.
Car le temps perdu ne reviendra plus jamais.

Pour vous aider à prendre le temps, il existe un moyen très simple.
Tous les matins, donnez-vous trois priorités.
Une pour la matinée, une pour l'après-midi et une pour la soirée.
Dans ce programme l'important à noter est que nul ne pourra vous enlever ces 3 Priorités.

Suis-je clair ?!

A défaut de vous octroyer du bon temps, de vous faire plaisir et de vous retrouver un peu pour vous faire du bien, vous irez (si vous n'y êtes déjà), dans l'épuisement et/ou le burn out.

Et si vraiment, vous avez difficile de vous octroyer une récréation, partez du principe que vous êtes un maillon non indispensable à la survie de votre employeur, de votre ami, de votre société ou encore de votre famille.

Et si vraiment vous êtes 'dur d'oreille' et que vous voulez rester malheureux(se), dites-vous ceci – Demain, je suis mort... Et alors quoi ?
Le monde continuera de tourner... Même sans vous.

Vous qui reportez continuellement au lendemain tous vos projets et vos rêves... Sachez que le calendrier est une invention humaine contraire au Bonheur.

Pour exemple très connu de tous...
Le fameux dimanche !
Qu'entendez-vous de vos amis tous les dimanches ?
Ah, j'ai le cafard !
Parce que demain c'est lundi ?!
Oui ! Et que du lundi ou vendredi, vous êtes sous pression et obligations.
Le samedi étant la décompression et le dimanche, la dépression.

Vous constaterez aussi que le calendrier n'est pas le même en Asie qu'en Europe... Que le calendrier Français ne fête pas la St Gildas le même jour que le calendrier Belge.

Pour votre information personnelle, sachez que seule la lune règle le temps en cycle de 27 jours.
La lune applique la règle de 9.
La lune régit la nature terrestre, et si vous la suivez et l'observez, vous ne pouvez que mieux comprendre la météo... Mais aussi les événements qui vous arrivent et qui vous semblent parfois bizarres.

Car oui ! La lune est un astre brillant d'énergies.
Elle est axiale et règle les cycles.
Elle est aussi logos qui en grec signifie discours.
La lune est donc messagère.
Elle influence votre état émotionnel.

Et pour dernier conseil... N'allez pas contre votre intuition, car elle, la lune, risque de vous répéter et encore répéter d'écouter votre cœur.

Prenez le TEMPS de prendre soins de VOUS !

Vous rappelle-t-elle.

La Gratitude

- La gratitude est la réponse écrite ou verbale attribuée à un bienfaiteur.
- La gratitude est une reconnaissance au bienfait, à la gentillesse et à la bonté.

C'est une Action Humaine très positive qui remercie tout ce qu'elle a reçu. Ainsi est créée une interaction sociale profitant à tous.

On n'oubliera pas aussi d'offrir notre gratitude à - Mère Nature - qui nous donne tous ce dont on a besoin pour vivre.

Les effets bénéfiques de la gratitude ont été constatés sur la personne suite à des exercices et ateliers réalisés par le Scientifique – Robert Emmons.

A savoir que cette GRATITUDE :

- *Permet d'être moins triste, donc... Heureux.*
- *Libère les personnes de leurs pensées négatives.*
- *Améliore votre santé et votre longévité.*
- *Augmente les pensées positives.*

Si vous Exprimez de la Gratitude vous allez d'office rayonner, plaire et n'attirer à vous que de belles choses et personnes.

Elle s'éteint si elle n'est pas pratiquée régulièrement.

Grâce à la Gratitude vous constaterez moins de conflits, moins de stress, moins de tensions, moins d'anxiété, etc. Alors me direz-vous... Comment l'exprimer ? Simple !

Dire ou écrire MERCI est sans nul doute le N°1.
Apprécier et honorer les belles choses de la vie.
Reconnaitre les bienfaits de tous en tout.
C'est le Trio Gagnant et Efficace !

La cerise sur le gâteau étant d'embrasser d'enlacer ou
câliner de gestes physiques et d'affection la personne que
vous remerciez.

Pourquoi la gratitude ne fonctionne-t-elle, parfois, pas ?
Dire 'merci' pour dire merci avec le cerveau n'est pas
gratitude – C'est le Cœur qui doit parler – Et ce, en
pleine conscience, avec amour et compassion!

Enfin, pour clôturer ce chapitre en beauté ou en bonté...
Voici le fameux « Ho'oponopono » !

Drôle de mot traduit par : « remettre les choses en ordre
» ou « rétablir l'équilibre ».

Le Ho'oponopono est une tradition sociale et spirituelle
Hawaïenne reconnue. Elle réconcilie par sa pratique
tous les êtres.

Sa technique est plus que simple... Enfin, pour les
personnes Ouvertes d'Esprit.
Elle enseigne 4 Mots Clés à dire ou à écrire.

Ils sont : Désolé – Merci – Pardon – Je t'Aime.

Le Plaisir

- Contentement personnel

Voilà encore quelque chose de vital au bonheur que vous avez, peut-être, oublié.

Dès l'enfance, vos parents vous ont sûrement dit :
« Allez, fais un peu plaisir à maman... Allez, aide un peu papa... Allez, sois gentil avec ta sœur... Donne un bisou à ta grand-mère... Prête ton jouet à ton copain... Et n'oublie pas d'offrir un cadeau à ton cousin aussi ! ».

Tant de rappels à l'ordre qui vous font oublier de vous faire plaisir à vous... Et à VOUS d'abord !

Faire plaisir aux autres avant de se faire plaisir, c'est rendre les autres heureux avant d'être heureux soi-même... Ce qui est une Erreur !

Certains autres qui n'ont « rien à foutre » de votre bonheur, de votre bien-être et qui se font toujours un malin plaisir de rire de votre 'poire' quand vous leur dites, par maladresse, que vous êtes cocu ou fauché comme le blé.
Cocu, parce que je suis resté 'collé aux baskets' de mon conjoint jusqu'à l'étouffer.
Peur de le perdre... Peur qu'il s'amuse avec des autres que moi !
Fauché, parce que j'ai prêté, acheté et donné à mes proches qui ne m'ont jamais remboursé ni dit 'merci' pour les avoir aidés.
Faire un plaisir, doit être Naturel !

Faire plaisir à quelqu'un doit être un cadeau de cœur, pas un cadeau contraignant ou entraînant des regrets. Pour vous faire plaisir, c'est facile... Arrêtez de penser au qu'en dira-t-on, et vous verrez que partager des plaisirs avec le cœur est un vrai Bonheur !

Le Plaisir est donc une sensation agréable liée à la satisfaction d'un désir ou d'un besoin ou encore à l'accomplissement d'une activité.

Question : « Qu'est-ce qui procure du plaisir ? ».

Des études sur le cerveau humain montrent que la sensation de plaisir, quel que soit le facteur déclenchant, est liée à la libération, par des neurones du système de récompense, d'un neurotransmetteur appelé la dopamine.

S'il y en a bien un qui est à la recherche du plaisir, c'est votre cerveau.
Et pour vous donner du plaisir, le cerveau a besoin de 4 Activités principales.

Par contre, si vous ne lui donnez pas une de ces 4 Activités, le cerveau ne pourra produire de l'endorphine - Substance sécrétée par l'hypophyse, qui lutte contre la douleur.

L'endorphine, surnommée hormone du bonheur, procure du plaisir, grâce à une action anxiolytique, antalgique et relaxante.

Voici les 4 types de plaisirs que nous pouvons avoir et que nous devons chercher à prioriser et à majorer dans notre vie pour être heureux.

Le Physio plaisir (vient de nos 5 sens) – Le Socio plaisir (vient de nos relations avec les autres) – Le Psycho plaisir (vient de nos créations quelles qu'elles soient) – L'Idéo plaisir (vient de nos projets, rêves, et émerveillements).

Plus concrètement, nous avons 4 Besoins dont :

Le N°1 - l'Amour (l'affection). Le toucher corporel tels les massages, les câlins, bisous et relations sexuelles. Nous sommes donc ici dans le plaisir charnel.

En N°2 - Nous avons besoin de manger et de savourer ou boire des aliments qui émoustillent nos papilles... Nous sommes ici dans le plaisir gustatif.

En 3 - Nous avons besoin de travailler, de réaliser, de créer et de se sentir utile à travers des jobs, hobbys et des passions. Nous sommes ici dans le plaisir de reconnaissance et/ou de considération.

En 4 - Nous avons besoin de faire des activités telles que les sports & loisirs, des activités physiques et sociales telles que les jeux, les sorties, les vacances, etc... Ces plaisirs sont des plaisirs récréatifs et d'auto satisfaction. Nous sommes ici dans le plaisir de récompense.

Bref, sans une de ces quatre activités... Vous n'aurez pas les 100% de plaisirs garantis. Mais bien 75 ou 50 ou au pire 25% de bénéfices plaisirs.

Donc, en l'absence d'une de ces 4 activités, les 3 autres compenseront.

Imaginez donc que vous n'ayez pas été comblé en Amour et au Travail – Le cerveau ne va pas chipoter – Il va compenser le manque en vous faisant manger et bouger à travers les sports & loisirs.

Dans un dernier cas de figure, vous aurez déjà remarqué, voire vécu, qu'en étant amoureux on peut oublier de manger, de travailler ou de pratiquer nos loisirs favoris... D'où, le fameux proverbe : « Il / Elle vit d'amour et d'eau fraiche ».
Et oui, l'Amour est, et reste, le N°1 qui, à lui seul, peut combler et compenser l'absence des besoins 2, 3 et 4.

Le corps VEUT du Plaisir fourni par ces 4 Activités.

Votre corps a BESOIN de Plaisir pour que vous puissiez Vivre Heureux !
Et ce, sans douleur, ni souffrance.

Pensez-y... ICI l'important est de Vous faire PLAISIR !

Les Signes

- Indices permettant de prévoir.

*Tout au long de la journée et tout au long de votre vie,
vous allez rencontrer des gens, des situations, des
événements et vivre des expériences...
Jusque-là, rien de plus normal.*

*Des expériences et des situations pas toujours très
comiques.
Des personnes et des événements dont vous vous seriez
amplement bien passé.*

*Mais, dans chaque événement vécu et personne
rencontrée, vous aurez toujours une leçon positive à en
retirer.*

*Arrêtez donc de vous plaindre de votre situation ! Vous
ne le saviez certainement pas mais la situation dans
laquelle vous êtes actuellement n'est que le fruit de vos
propres choix, décisions et actions.*

*Et oui... Si vous aviez fait attention aux signes qui vous
ont été communiqués cela ne vous serait pas arrivé.*

*Ok, je vous entends déjà... C'est la Fatalité !
C'est la faute à pas de chance... Bref, c'est le destin.*

Alors pour changer d'avis... Voici mon histoire.

Il est 9h45, vous êtes déjà en retard pour votre rendez-
vous chez le coiffeur et voilà que le téléphone se met à
sonner...
Eh bien, qu'il sonne !

Moi je cours, je me dépêche... Vite ! Vite chez mon coiffeur.
Je saute dans ma voiture, démarre et fonce !
500 mètres plus loin, une vieille dame traverse la route...
Ébloui par le soleil, je n'ai pas eu le temps de la voir et la percute violemment.

Moralité : Si j'avais fait attention à cet appel téléphonique et y avais répondu, je n'aurais pas renversé cette dame et je n'aurais pas eu cet accident. J'aurais simplement été en retard d'une minute.

Pour autre histoire parlante... Voici.

Un beau jour, je pris la route entre Montpellier et Bézier. Arrivé sur un rond-point, je me mis à tournicoter sur celui-ci a la « Starky & Hutch » dire de faire rire mon passager.
Enfin sorti du rond-point... Un kilomètre plus loin, je me suis retrouvé derrière trois voitures et une camionnette. C'est alors qu'un camion nous croisant perdit une roue qui percuta violemment le pare-brise de la camionnette en tête de file.

Le chauffeur de celle-ci fut gravement blessé et ce, sans parler des véhicules me précédant ayant été eux aussi cabossés par cette roue folle !

Honnêtement... Est-il difficile de comprendre le pourquoi de mon délire ? Je ne pense pas.

Oui, parfois votre 'Ange Gardien' vous fait faire certaines choses qui, bizarrement, vous semblent stupides... Mais, qui peuvent vous sauver la vie !

La Conception

- Idée que se fait l'esprit humain d'un objet ou d'une action, dont il exprimera la perception qu'il en a.

Voici un sérieux sujet de discorde.
Même si deux personnes sont d'accord sur un sujet, il se peut qu'elles ne soient pas d'accord sur la forme et vice versa.

Ci-dessous, quelques exemples concrets pour s'éviter des angoisses et maux de tête inutiles.

Un Homme et une Femme sont Amoureux. Ils sont donc d'accord de faire l'Amour.
Mais Madame n'a peut-être pas la même conception du rapport sexuel que Monsieur.
Histoires de désirs, de fantasmes, d'envies et/ou d'humeurs…Tant de paramètres différents ou communs.
Bref, auront-ils la même conception de cet acte ?

Pour le travail, c'est exactement la même chose.
Deux personnes qui aiment le même métier ne vont pas toujours concevoir le travail de la même manière.
Surtout s'ils sont du sexe opposé.
C'est pourquoi, je disais souvent à mes équipes : « On est Tous ici pour la même raison, nous réunissant dans le même job, mais nous avons Tous un but différent, qui parfois risque de nous diviser et/ou de nous fâcher ».
Sauf si, bien sûr, on accepte la différence.

La différence de conception !

La conception est l'angle sous lequel vous regardez les choses.

Si vous êtes positif, vous verrez votre projet d'une façon opposée à une personne négative qui en plus risquera de vous casser le moral !

Par contre, les personnes les plus intelligentes et matures diront : « Ok, je suis d'accord avec toi, mais si on faisait comme si... Ou comme ça ? Qu'en penses-tu ? ».
Un dialogue, un échange d'idées s'engagent alors pour arriver à une conception commune.

Vouloir persuader l'autre que votre conception est la meilleure est une grave erreur !
N'oubliez jamais... Le choix de vivre Heureux à travers les choses simples de la vie est une conception pour seulement 25% d'entre nous... Par rapport aux autres (75 %) qui vivent au travers de complexités.

N'hésitez donc plus à remballer, illico presto subito, les personnes qui ne veulent pas dialoguer et partager.

A ce propos, voici une petite histoire perso.

Une année, j'ai eu à faire à une propriétaire d'hôtel qui, lors de réunions, tenait à elle toute seule un monologue parfait.
Après trois réunions, je n'ai pas hésité une seconde.
J'ai décliné et ai refusé que cette personne me pompe mon énergie à parler en se regardant dans un miroir !
Le directeur, affolé, me conseilla alors de revenir aux réunions de 'Madame la Propriétaire'.
Hors de question ! Une réunion de Manager doit être un dialogue et non un monologue.

Alors, vous avez été licencié me direz-vous ?
Eh bien non, pas du tout.

Madame a même été jusqu'à reconnaître ses torts et ses erreurs suite à ma démission lui ayant été présentée un mois avant terme de ma fin de contrat.
Mais il était trop tard, ma décision était prise en âme et conscience, quitte à perdre un mois de salaire.
Un mois de salaire n'équivaut pas à ma Santé et à mon Bien Être.

Simple choix.

De conception.

Carpe Diem

-    Cueillir le jour présent sans se soucier du
     lendemain.

*D'origine latine, il est super important de vous graver ce
vers latin dans le cerveau.*

*Vivre l'instant présent, le savourer, le vibrer, « le
bander » comme je dis souvent.*
Le vivre et non le subir !

*On se persuade souvent que la vie sera meilleure
demain... Après avoir eu un enfant, avoir acheté une
voiture, avoir déménagé, etc...*

*Mais, la vérité est qu'il n'y a pas de – Meilleur Moment –
que l'instant présent pour Être Heu-reux.*

*Pendant longtemps, j'ai pensé que ma vie allait enfin
commencer.*
*Mais il y avait toujours un obstacle ou un problème à
solutionner avant de pouvoir réaliser la chose qui, je
pensais, allait me rendre heureux !*
*Jusqu'au jour où, j'ai compris que les obstacles à
surmonter pourraient, peut- être, devenir un bonheur.*

*Cette perspective m'a aidé à comprendre qu'il y a un
chemin qui mène au bonheur, mais du bonheur se trouve
aussi tout au long du chemin... Sauf si vous le parcourez
à du 200km/h, la tête dans le guidon.*
*A ce propos, j'ai eu un ami d'enfance issu de même milieu
social que moi et pratiquant le même sport que moi qui,
bien naturellement, avec le temps, a pris un chemin de
vie complètement différent du mien.*

*Vingt ans plus tard, lors d'un apéro, il m'expliqua, qu'à
38 ans, il comptait encore travailler deux ans et puis
engager un gérant commercial pour son entreprise.
Ainsi, me dit-il, je pourrais profiter de ma petite fille, ma
femme ainsi que de la vie !*

*Deux mois plus tard, j'ai eu la douloureuse nouvelle
d'apprendre son décès.
Aujourd'hui je le remercie toujours de m'avoir ouvert les
yeux sur la vie !
Et de me les avoir fermés sur les prévisions.*

*Arrêtez de programmer votre futur.
Arrêtez de vous poser des questions inutiles !
Arrêtez donc d'attendre demain pour aller au cinéma, de
terminer vos études pour voyager, de vous marier pour
avoir des enfants, d'attendre le printemps pour manger
un barbecue...*

VIVEZ la VIE

Attendre

« Si on n'Attend Rien... Tout devient Surprise ! ».
- Douglass Kennedy -

Le verbe attendre est un des plus néfastes à votre Bien Être. Verbe, qui par définition est – Demeurer, rester dans l'attente qu'il se passe quelque chose.

Et oui... Dès votre naissance, vous avez inconsciemment attendu votre premier biberon ainsi que votre première dent.

Enfant vous avez surement attendu un cadeau, une surprise, un bisou, sans oublier les vacances un peu comme votre anniversaire et la Magie de Noël.

Adulte, Vous attendrez...Vos enfants à la sortie de l'école ou encore leur brillant bulletin.
Vous attendrez que l'on vous aime...
Sans oublier d'attendre le bus, le taxi, le train ou encore l'avion.
Vous attendrez patiemment chez le médecin ou chez le coiffeur.
La réussite et le succès après la défaite.
Un rayon de soleil par temps de pluie.
Que la guérison l'emporte sur la maladie.
Et au pire... Le jour de votre mort !

Attendre 1/3 de votre vie... Sachant que vous allez déjà en dormir 1/3 et en Vivre seulement 1/3... Il vaudrait mieux Vivre plutôt qu'attendre... Qu'en pensez-vous !?

Il serait donc peut-être grand temps d'arrêter d'attendre une personne, qui vous a fixé un rendez-vous et qui vous

met en retard ou dans un stress pas possible parce qu'elle
n'arrive pas.

Il avait dit 15H… Il est déjà 15H20… et il ne répond pas
au téléphone… Mais non de Dieu qu'est-ce qu'il fout !

Ah, oui… Il y a aussi votre collègue ou un ami qui vous a
promis de vous déménager, et que vous attendez
toujours impatiemment.

Et votre employeur dont vous attendez une réponse
concernant votre augmentation salariale… Votre
promotion.
Et Votre banquier pour votre crédit demandé.
Et puis votre fiancé(e) qui ne se décide pas à vous
confirmer votre demande en mariage.

Beh dites donc… Que de situations d'attentes énervantes.
Ne serait-il pas grand temps de laisser s'exprimer
l'enfant intérieur qui est en vous ?

L'Enfant trépignant ou turbulent ne supporte pas
d'attendre… Car pour lui, l'attente n'existe pas ! Alors il
s'exprime : « On Attend qui ? On Attend Quoi ? ».

Regardez les enfants qui attendent un partenaire de
jeu… Ils ne l'attendent pas longtemps.

L'enfant comprend très vite aussi que papa ou maman
n'a pas de temps à lui offrir ou qu'ils ne veulent pas
prendre le temps.

L'enfant, en autonomie parfaite, va s'organiser de façon
à jouer et à s'occuper en oubliant les autres !

L'enfant joue la vie... Il ne vous attend pas !
Sauf quand on lui apprend ou l'oblige à perdre son temps
en attendant bêtement, sans rien faire d'amusant.

Oui, l'enfant écoute son instinct pour rester Heureux.

La Paix arrive quand l'Attente prend Fin !

Et vous... Qu'attendez-Vous ?

La Patience

- Attendre avec philosophie

La patience est une force !
Que l'impatience est une faiblesse.

Pour certaines personnes, il faut coûte que coûte vendre la voiture et acheter le nouveau modèle sorti au salon de l'auto... Et ce, par n'importe quel moyen.

Ces gens sont impatients d'obtenir Vite ! Très vite, trop vite, une chose qui peut devenir obsessionnelle.

Les 'obsédés' sont les pires gens impatients d'avoir et de gagner !

Certains seraient capables de 'vendre leur mère' pour obtenir ce qu'ils veulent.

Ces gens font souvent référence au temps.
Temps qui n'existe pas dans la patience au bonheur.

Les patients, eux, attendront le moment opportun sans jamais se précipiter.
Les patients adapteront leurs comportements et leurs actions aux événements.
Ils sont parfois traités de faux culs... Parce qu'ils changent d'avis, alors que la veille, ils avaient prévu le contraire de leur action.
Mais il n'y a que les cons qui ne changent pas d'avis.
Les patients sont caméléons et leur force est décidément l'adaptation aux lieux, aux gens, aux conditions, aux situations, etc.

*Les patients écouteront leur ange gardien (sixième sens -
intuition) qui les conduiront au bonheur !*

Expression fétiche des nerveux excités : « Ma patience a
des limites ! ».

Mais la patience n'a pas de limites... Comme le Bonheur.

La Vérité

-   Connaissance de la réalité.

La vérité est bien sûr le contraire du mensonge.

A leurs sujets, plus de 210 citations et proverbes existent... Ce n'est pas peu dire.

A savoir : « Toute vérité n'est pas bonne à dire » *ou encore...* « Je te conseille de tourner ta langue sept fois dans ta bouche avant de parler ».

Mais encore : « La vérité risque de blesser... Alors réfléchis bien à ce que tu vas dire ».

-   *Si vous pratiquez ces formules...Vous calculez.*
-   *Si vous calculez...Vous trichez.*
-   *Si vous trichez...Vous mentez !*

Je vous conseille donc de dire ou d'écrire toujours ce que vous avez sur le cœur sans jamais penser, une seconde, que la personne qui vous entendra ou vous lira, sera frustrée, voire choquée !
Et même si elle l'est...
Réjouissez-vous de lui avoir dit la vérité.

Les – Non-Dits – eux aussi sont contraires au Bien Être !
Ici l'expression de cœur (votre véritable émotion) doit être toujours exprimée pour rester heureux.

Rester Heureux et en Bonne Santé !
A défaut, vous allez ruminer, vous ravaler, vous rendre simplement malade de ne pouvoir dire la vérité parce

qu'on vous a demandé, voire réclamé de vous taire !
- Chûuut...
Faut rien dire - Faut pas faire de vague.

Regardez les enfants... Sans filtre, ils disent toujours la vérité. Jusqu'au jour où l'enfant se verra puni pour avoir dit cette putain de vérité.
C'est donc ce jour-là, qu'il commencera à transformer ses réponses en 'mensonge'.

C'est exactement la même chose chez l'adulte qui ne veut pas être 'puni' par son supérieur autoritaire !

En conclusion, les menteurs n'aiment pas les conflits et par ce fait, cherchent toujours des excuses.
Ils rajoutent même parfois une couche pour se déresponsabiliser.
Alors que vous n'attendez que la vérité... Vous les voyez s'enfoncer, encore et encore un peu plus, jusqu'à les voir se noyer.

En réalité... La vérité ennuie, dérange et fait peur à beaucoup de monde !

Et c'est bien dommage... Pour eux.

Le Refus

-    Se priver volontairement.

Combien de gens se refusent ce que leur âme, leur corps ou leur cœur leur réclame !?

Écoutez-les – Ces Egos – qui se font une fierté de vous dire qu'ils ont arrêté de fumer, alors qu'ils en sont malades !
Et comme ils le répètent et le proclament à qui veut l'entendre « Moi ! Refumer... Jamais plus – Quitte à en crever ».
Et pourtant, ils en rêvent d'en re-griller une petite...
Quand ils ne le font pas en cachette, parce qu'à force de s'en être vantés, ils seraient bien gênés, voire honteux, d'expliquer qu'ils ont craqué.

Avoir envie d'une chose et de se la refuser c'est marcher contre son Bien Être.

Pour exemple fétiche, avez-vous vu les régimes ?

Mon Dieu, l'horreur !
Et vas-y que j'ingurgite des poudres et des soupes miracles bien dégueulasses.
Plus de bière ni soda.
Plus de chocolat ni gâteaux.
Plus de hamburger ni hot dog.
Plus de couscous ni choucroute garnie.
Plus de fruits secs ni cacahuètes à 25 calories l'unité.
Plus de, plus de... Oh ! Ça suffit !
Moi j'ai faim ! Donc je mange. Et je mange ce que je veux tout en me respectant.

Je réponds à mon corps et à ses besoins.
Manger c'est la santé et aimer la bonne table, c'est festoyer !
Festoyer, c'est partager et faire honneur à la vie.

Enfin, mise à part cette petite partie alimentaire, il y a aussi, et bien sûr, les autres envies et besoins que nous avons tous les jours et que l'on se refuse bêtement.

Pourquoi se Refuser ?
Par « peur » d'Être Heureux peut être...

A méditer ☺

La Provocation

- Acte par lequel on cherche à provoquer une réaction violente.
- Pousser, inciter quelqu'un, par un défi.

Si vous provoquez, vous agressez.
Vous agressez la nature, la Vie !

Pour exemple parfait, prenons la naissance d'un enfant.

Une femme est sur le point d'accoucher.
Mais l'enfant se fait désirer et traîne à pointer le bout de son nez.
Le gynécologue propose de provoquer l'accouchement.
Les parents acceptent – de provoquer l'enfant – alors que l'enfant n'est pas encore prêt à venir au monde.
Ainsi, vous allez contre Nature.

Conclusion, l'enfant provoquera sans nul doute sa mère toute sa vie !

Pour autre exemple d'expression commune, vous pouvez souvent entendre :

« Je vais provoquer la chance ! ».
Ce qui veut dire en latin : Appeler - Défier.

Provoquer c'est exciter, inciter à des réactions inattendues voire violentes.
En provoquant, vous suscitez le désordre pouvant entraîner des représailles.

*En exemple – Lors d'une réunion avec mes animateurs,
je leur ai conseillé de ne jamais porter de vêtements à
thèmes religieux, ni militaires ou provocateurs.*

*Trois jours après, l'un d'eux s'est vêtu d'un pantalon
militaire imprimé camouflage U.S.*
*Vingt minutes plus tard à l'entrée du restaurant, un
client ne l'a pas loupé !*
- Alors - *Dit-il* - C'est la guerre ce soir !?

*Voilà un chapitre bien intéressant... Surtout pour mieux
comprendre certains adolescents qui ont ce besoin
de provoquer pour se rendre compte plus tard, que le
besoin de provoquer, n'engendre que des déceptions,
disputes et conflits bien inutiles à leur Bien Être.*

L'Équilibre

- Système de balance égal et stable.

Voici un de mes chapitres préférés Essentiel à votre Bien Être... La preuve est que je l'avais déjà développé différemment dans mon livre « L'Art de Vivre sans Mal Être »

Bref, si vous n'êtes pas équilibré, je vous conseille vivement de le devenir.

Chaque humain est de sexe masculin ou féminin.
Mais, chaque humain a en lui les deux êtres.
L'un étant plus développé que l'autre par les hormones majoritaires.

Dans la loi physique – Vous êtes 2 en 1.
Le but est d'équilibrer les deux parties (féminine et masculine).
Si vous êtes capable en tant qu'homme de parler et d'écouter la femme, vous allez grandir et comprendre votre opposé.
Et n'oubliez jamais ! Votre opposé est votre complémentaire !

Théoriquement : La femme est tendresse et amour.
L'homme, lui, est force et travail.
Parfois, il est vrai que nous pouvons constater le contraire... Mais, le couple reste équilibré.
Le couple peut être encore plus équilibré, si l'homme comprend les désirs de sa compagne et vice versa.
Comprendre ne veut pas dire se forcer à faire et à jouer un rôle qui vous déplaît.

Car vous le savez, se forcer et faire semblant est contraire au Bonheur !

Je vous explique :
Dans un couple il y a un dominateur et un dominé... Si votre couple n'est pas équilibré !

Par contre... Dans un couple équilibré, il n'y a pas de dominant.
Il y a deux médiateurs, deux dialogueurs, deux personnes qui s'invitent !
Deux personnes qui s'écoutent et qui partagent 50/50 leurs envies, leurs joies, leurs peines et leurs besoins.

Si vous ne respectez pas la loi du partage... Vous allez à la catastrophe, au divorce, au suicide, à la bagarre !

Partager les plaisirs, les besoins et les envies c'est la force du couple.
Se débarrasser des tâches ennuyeuses est la force d'un couple.
Se protéger et se faire confiance est votre force !

L'équilibre est par excellence contraire à l'excès.
Rappelez-vous le proverbe – L'excès nuit en tout !

Si vous, maître(sse) de maison ' portez la culotte ' vous portez seul(e) le portefeuille, le budget du ménage,
Vous avez tout faux !
Car vous gérez seul(e), deux biens, dont un qui ne vous appartient pas.
Par contre, si vous avez vue sur votre bien commun et que vous êtes toujours deux pour gérer ce bien... Vous restez unis.

Pourquoi ?
Parce que vous devez vous concerter, ensemble, pour jouir d'un bien.

Et comme le stipule aussi un autre proverbe... Dans un couple, il y a deux choses qui le font vivre : « Le cul et les écus ». Le reste est complètement aléatoire.

Je pourrais m'étendre sur le yin et le yang... Les chiffres pairs et impairs, etc... qui représentent eux aussi, l'équilibre parfait.

Sachez que si vous restez attentif à construire cet équilibre, vous allez construire un Bonheur de vie indestructible !

Personnellement, il m'aura fallu plus de cinquante années pour m'équilibrer.
Et aujourd'hui, je m'inquiète quand je vois la masse de gens déséquilibrés autour de moi.

Ah, bon... Vous ne les avez pas vus ?

Les excessifs compulsifs qui se dépensent physiquement pour - Dé-Penser - leur cerveau, en faisant du sport à Gogo 7 jours sur 7 - 365 jours par an.

Les obsédés du travail qui tondent leur jardin et celui des voisins le week-end après une semaine de travail.
Sans oublier les pensionnés qui, eux aussi, s'obstinent à continuer à travailler, à vouloir encore et encore pousser dans leur bas de laine quelques euros.

Les joueurs invétérés de casino et autres jeux de hasard qui se vanteront, au détriment de leur équilibre familial, d'être parvenus !

Parvenus d'avoir déséquilibré leur foyer et leur santé ! Excès, les ayant entraînés dans un bonheur artificiel et éphémère.

L'esprit calme et équilibré est l'esprit fort et grand ! Quoi que vous en pensiez... L'équilibre contribue à votre bien - être émotionnel.

A défaut, s'il n'y a pas équilibre... Votre corps et votre esprit travailleront contre votre Vous.

A méditer.

Vouloir

- Intentions, volonté d'obtenir ou de faire quelque chose.

Vous distinguerez le verbe vouloir du verbe pouvoir.

Tout le monde peut… Mais tout le monde ne veut pas.
Là, est la différence !

Comme l'enfant dit : « Je veux un chocolat ».
Le parent coupe de suite son envie en lui faisant répéter :
« Je voudrais bien ! ».

Et on y rajoute – S'il te plaît maman.
Et quand l'enfant a bien tout reformulé…
Sa mère lui dit : « Pas maintenant, on va diner ».

Ainsi, vous cassez la joie de votre enfant qui voulait !
Et vous, vous lui avez dit qu'il ne pouvait pas.

C'est VOUS qui pouviez lui offrir un petit chocolat…
N'est-ce pas !? Mais vous ne vouliez pas !
Au détriment du ' Bien Être ' de votre enfant.

- *Vouloir c'est accepter, accorder et offrir.*
- *Vouloir le Bonheur des Autres.*
- *Vouloir comprendre les Autres.*
- *Vouloir rendre les Autres Heureux.*
- *Vouloir la santé ou se la refuser.*
- *Vouloir de l'argent ou le dilapider.*
- *Vouloir aimer et être aimé.*

Sur cette basse terre TOUT est possible !

Mais faut-il s'en donner le temps et les moyens.

Construire et obtenir le Bonheur n'est que Vouloir !

Pas pouvoir.

Simple

-    Qui ne présente aucune difficulté.

Simple comme bonjour !

Pourquoi faire compliquer quand on peut faire simple ?
Sûrement pour se rendre intéressant, voire contrariant
et même énervant !

Personne Simple, qui se comporte avec naturel et
franchise.
Personne qui se passe du superflu matériel inutile au
Bonheur.
Personne facile à comprendre, à suivre dans ses idées et
projets.

Et comme l'a dit notre créateur : « Heureux les simples
d'esprit, le paradis leur est désormais acquis ».

Comment ça, déjà acquis ?

Bien sûr que oui, puisque le paradis, comme l'enfer, sont
sur terre et non pas dans le ciel !

Et pourquoi les simples d'esprits et pas les compliqués ou
intelligents ?!

Pourquoi ?
Parce qu'à force de vous compliquer la vie... Vous
oubliez !

-    *Vous oubliez d'aimer, de respecter, de regarder,*
     d'apprécier la nature.

- *Vous oubliez de faire la sieste, de communiquer avec votre ange gardien.*
- *Vous oubliez de prendre des vacances, de jouer et de vous amuser.*
- *Vous oubliez de profiter, de jouir du moment présent.*
- *Vous oubliez d'embrasser, de caresser, de cajoler votre enfant, votre conjoint, votre sœur ou ami.*

A compliquer votre vie, vous avez oublié de rester simple.

Vous avez oublié d'être Heureux.

Vous vous êtes même oublié !

Savoir

- Connaissance après informations.

Il faut distinguer principalement trois savoirs.

Le premier est l'instinct !
C'est le savoir naturel avec lequel vous naissez.
Le second est, et reste, naturel.
C'est le savoir que vous allez découvrir à travers des apprentissages et expériences.
Le troisième est le théorique.
C'est le savoir après études et instructions.

Les scientifiques et autres étudient les phénomènes naturels. Pas les lois naturelles !
Normal quand on sait que la nature ne s'étudie pas.
Elle se vit !

Mère Nature, nous régit (contrôle) au quotidien.

Mais par quoi ?!

Principalement par la Numérologie qui, est calculée avec vos lieu, heure et date de naissance.
Secundo, par l'Astrologie qui, est le positionnement des astres au-dessus de vos têtes.
Troisièmement, par la Radiesthésie qui, est l'étude des radiations terrestres, artificielles et naturelles.

La numérologie détermine (fixe), votre chemin de vie à travers des nombres invariables !
L'astrologie est variable et agit sur votre être selon le positionnement des astres et des planètes.

La radiesthésie, elle, est déterminée par votre positionnement sur la terre.

Vous êtes donc maître de la radiesthésie, par rapport à la numérologie et à l'astrologie.

Maintenant que vous savez ce qui détermine votre vie, vous pouvez, si vous le désirez, approfondir ce savoir à travers des ouvrages expliquant très simplement et clairement ces trois lois de la nature.
Vous comprendrez très vite que les autres lois dites législatives, juridiques, fondamentales, constitutionnelles, etcetera, sont complètement aléatoires, donc sans importance à votre Bonne Santé.

Seul le Savoir de la Loi de l'Amour de tout en tout, vous conduira dans le bien-être et vers le bonheur.

Avant de clôturer ce chapitre, revenons à la dite Radiesthésie.
La Radiesthésie n'est que la détection des ondes positives ou négatives détectées par celui que l'on appelait, à l'époque, le « sourcier du village » et qui de sa baguette arrivait à détecter les sources.

Aujourd'hui, tout a changé, et malheureusement, évolué.
Pourquoi malheureusement ?
Parce que les radiesthésistes sont dépassés par les ondes qui couvrent la terre.
Ondes émises par tout corps, source et objet matériel, additionnés en ce 21e siècle de satellites, de télécommandes, d'ordinateurs sans fil, de téléphones sans fil, bref, de wifi et Bluetooth.

Les radiesthésistes constatent donc depuis 20 ans une augmentation affolante des maladies non expliquées par les « garagistes » du corps humain, appelés plus communément médecins et chirurgiens.

Lors de consultations médicales traditionnelles votre médecin ne pourra jamais expliquer certains de vos maux ou déformations bizarres de votre colonne vertébrale ou toute autre malformation mentale ou corporelle.

Il vous fera donc examiner par ce qu'on appelle des spécialistes qui, eux aussi, seront incapables de déterminer - la source - de votre maladie, et ce malgré leurs appareils super sophistiqués.

Pourquoi ?
Parce qu'une machine ne peut pas savoir où vous habitez, ni déterminer si votre environnement est sain ou malsain.

Je vous conseille donc, avant de consulter un médecin, de réfléchir quelques minutes sur votre environnement, sur ce qui vous entoure au quotidien.
Appareils électroniques et électriques, intérieurs et extérieurs à votre domicile.
Sols et murs de votre habitation, lieu de travail, quartier, ville et région étant impactés par la 5G.

Mais aussi vos proches, collègues, voisins ou amis !
Ciblez l'endroit ou/et la personne qui vous électrifie(nt).

-   À l'image de votre chambre où vous ne faites que des cauchemars par rapport au canapé du salon où vous ronflez paisiblement.

- *À l'image de votre ami(e) qui ne sait faire que de vous agresser et de jouer avec votre cerveau en vous pompant votre énergie.*

Enfin, vous voici en savoir sur ce qu'il serait bon de changer radicalement dans votre vie, si vous ne voulez pas « mourir » comme votre belle plante verte qui n'a pas supporté les ondes wifi, ou son contraire, le chat, qui lui se nourrit d'ondes négatives.

Sachez donc que votre environnement est un ensemble de conditions qui peuvent agir sur les vivants.

Oui, votre environnement est important... Très important à vos santé et bien-être.

Optimiste ou Pessimiste ?

-   L'optimiste proclame que nous vivons dans le meilleur de tous les mondes possibles, et le pessimiste craint que ce ne soit vrai.

« L'optimisme est la volonté de dompter et d'utiliser les forces de l'inconscient pour réaliser le meilleur ».

Le pessimisme est le bouclier des personnes faibles, (blessées), par les évènements de la vie.

Si vous êtes optimiste… Vous voulez toujours le bien et le meilleur pour vous et pour tout le monde.
Vous cherchez le bonheur et vous voulez que le bien l'emporte sur le mal.
Vous prenez toujours les choses du bon côté et dédramatisez les accidents et catastrophes de la vie.

Les optimistes ne s'appellent pas non plus, inconscients, ni irresponsables et encore moins naïfs !
Ils voient la vie en Or, que les naïfs la voient en Rose et les pessimistes en Gris voire en Noir !
Voilà ce qui différencie les trois catégories de gens.

Le pessimiste pense que ses problèmes vont durer.
Morose, irritable et angoissé, il accorde très rarement son pardon, sa tolérance et son indulgence.
Méfiant, pour lui, un compliment est une moquerie !
Peureux de nature, le mensonge est vérité !

En bref, et en résumé, l'Optimiste dira d'une bouteille qu'elle est à moitié remplie… Que le pessimiste dira qu'elle est à moitié vide.

Le pessimiste détourne le regard, les conversations, les problèmes en adoptant une stratégie de fuite.

Déprimé et déprimant, il est toujours le premier à dire: « T'as vu... J'te l'avais dit que ça ne marcherait pas... C'est nul ton truc ».

Enfin, le pessimiste, rongé d'inquiétudes en permanence se dévalorise lui-même.
Il dévalorisera aussi les Autres et la Vie !
La vie qui, pour lui, ne vaut pas la peine d'être vécue...
Jusqu'à parfois y mettre un terme via l'acte suicidaire !
Et si le Pessimiste savait que l'optimisme peut prolonger par nature sa longévité et sa santé de 15 à 25 %...
Deviendra-t-il Optimiste ?
Rechercha-t-il le Bonheur ?
Eh bien, sans doute que Non !
Car sa nature est d'être et de rester, hélas ce qu'il est par nature... Pessimiste.

L'intention

-   Acte commis avec l'intention de.

Mais, avant d'être acte, elle est pensée.

Elle naît dans votre Esprit avant de devenir une Action Physique ou Verbale.
Elle est donc l'expression d'un désir.
Mais lequel ! Celui de faire le Bien ou le Mal ?

C'est d'ailleurs très souvent l'intention de faire qui est retenue par les tribunaux, pour juger.

L'intention que vous-mettez dans l'Action donnera le fond de votre pensée... Bienveillante ou Malveillante ?

C'est donc la façon, la manière, le but et le pourquoi de votre geste qui déterminent l'intention.

L'Avez-vous fait avec Cœur ou par Obligation ?
Machinalement ou par Passion ?
Amicalement ou par Profit ?
Par bienveillance ou par vengeance ?

ICI, l'intention de – Bien Faire – est ce qu'il faut viser et retenir.

Eviter les actions contraires est le but de ce mini chapitre de Grande Importance.

Faites les choses avec Amour sans attendre un retour...
Et votre vie sera Paix.

Liberté

- Possibilités de penser, de s'exprimer et d'agir selon ses propres choix.
- Être sans contrôle et sans surveillance.

État d'un être qui n'est pas prisonnier.
État d'une personne qui n'est pas soumise.
État de l'homme qui décide de son propre chef !

Personne vivant sans préjugé, ni gêne, ni peur !
Faculté de ne pas être contraint de.

Droit que l'homme a, par nature, de pouvoir choisir !
Liberté déterminée par le pays dans lequel vous avez choisi de vivre !

À savoir :
- *Droit de conscience (liberté de culte).*
- *Droit de pensée (liberté d'exprimer ses opinions).*
- *Droit de réunion (liberté de se réunir sans autorisation).*

Stop ! J'arrête toutes ces définitions du dictionnaire en vous conseillant, quand même, de les méditer sérieusement et avec attention.
Liberté qu'il ne faut pas confondre avec Fausse Liberté.

A savoir « celles qui sont voulues par ». Pour exemple, les clochards (sdf) qui se veulent autonomes alors qu'ils sont en perpétuelle insécurité, car ils ont choisi une liberté dite « extrême ». Ils font partie des rebelles du système les ayant entraînés dans une triste liberté inconfortable... Celle de la rue !

Et chez l'enfant... Le Rêve serait-il différent !?
Non... Rappelez-vous, ce rêve d'être libre.

*Enfant (ado) nous avons tous eu l'envie de fuguer, de
nous échapper, de ne pas rentrer à l'heure ou de tomber
malades pour ne pas aller à l'école.*
*Rappelez-vous aussi de cette détermination que vous
aviez de vouloir grandir... Vite !*
Pour ne plus être enfant – obligé de devoirs.

Aujourd'hui vous êtes devenu adulte.
Et alors... Vous avez oublié votre rêve d'enfant ?
Oui ?!
*C'est normal... Car tourmenté, harcelé et sollicité par
autrui, vous avez plongé, sans vous en rendre compte,
dans le système et ses fausses obligations.*
*Aujourd'hui, vous vous portez malade pour ne plus aller
travailler !*
Donc, vous rééditez votre enfance.
Vous fuyez le mal être pour le bien être.
Alors Bravo !

*Enfin, vous avez compris que certaines personnes ne
prêchent que les obligations et devoirs... Que ces
personnes ont l'art de vous faire culpabiliser.*
*Personnes qui vous feraient plonger dans le Burn Out et
qui, pour solution, vous conseilleront de démissionner ou
de consulter un psy.*

*Si vous êtes tributaire de votre travail, de votre voiture,
de votre maison et de je ne sais quoi...*
*Si en plus, vous êtes contribuable de taxes, d'emprunts,
etc.*

Dépendant de vos parents, amis ou patron... La question à vous poser est : « Ai-je envie de continuer à vivre comme ça !? ».
Avec ce sac à dos qui me pèse... Tellement je me suis chargé de responsabilités qui m'usent, me fatiguent et m'épuisent.
Mais alors me direz-vous comment le décharger ?

Eh bien, tout simplement, kilo par kilo.
Sachant que chaque kilo représente un sujet dont vous voulez vous libérer.

Pour histoire, il y a plus de 30 ans j'ai connu une fille qui se foutait de tout et de tous.
Je la trouvais moqueuse et sans pitié.
Sans foi ni loi, elle était à claquer !
Égoïste, mythomane, menteuse, voleuse... Pensais-je d'elle.

Des années plus tard, j'ai appris qu'elle était toujours sans soucis ni tracas.
Trente ans plus tard, j'avoue m'être trompé à son sujet.
Pourquoi ?
A l'époque, les envieux la jalousaient de son succès et de son culot, alors qu'elle était juste vraie, nature et jouait la vie cash !
Elle gênait, car elle n'avait peur de rien, ni de personne.
Elle était libre de ses actes et mouvements.
Personne n'osait la commander, la « détourner » de ses envies... Parfois, elle pouvait même être « éloignée », voire éliminée de son cercle d'amis.

Une personne qui a toujours fait ce qu'elle voulait, quand elle le voulait et sans jamais demander l'avis de qui que ce soit !

Sans belles manières, ni jolis principes, elle restait radicale et efficace pour elle-même.

Aujourd'hui, elle étonne toujours le monde des pessimistes et dépressifs !
Mais comment fait-elle pour ne se soucier de rien ni de personne ?

La réponse est simple... Elle décide en âme et conscience, sans jamais demander à autrui ce qui serait Bon ou Bien pour Elle.

Être Soi est l'Art d'Être Libre !

L'Altruisme

-   Offrir de bon cœur sans compter ni attendre un retour.

Un mot ou une action, trop rare dans le quotidien.
Un nom inconnu des radins qui préfèrent employer son opposé.

L'anti altruiste est le calculateur ou le spéculateur.
L'égoïste, trompeur par excellence.
Le manipulateur qui joue avec les gens et les blesse !
A l'image des clubs de football qui, via leurs sponsors et banquiers, décident de qui doit gagner et, du coup, déçoivent leurs supporters abonnés.
Supporters naïfs de croire et de rêver à la victoire.
Victoire, parfois, vendue via les arbitres et présidents.

Il serait pourtant bon que nous pratiquions tous l'altruisme si nous voulons être Heureux à travers l'Amour, l'Affection et l'Amitié !
Mais hélas, vous vivez dans la Matrice.
Une société qui joue avec vous.
Elle se représente par la guerre et la compétition en vous faisant croire et miroiter le « Bonheur » !

Le faux, le plastique, l'artificiel, bonheur payant, alors qu'il est gratuit.

Enfin, il est tellement plus gratifiant de donner et d'offrir de sa personne, sa sympathie, ses services, sa force, son humour, son expérience et son savoir que de donner de l'argent ou un cadeau matériel.

Personnellement, et après avoir été engueulé d'avoir oublié l'achat des cadeaux de noël, la date d'anniversaire de... Et le brin de muguet du 1ᵉʳ mai, j'ai pété un boulon et ai affiché la couleur à tous mes proches en leur disant ceci :

- Je reste votre fils, grand frère, ami, parrain, cousin, tonton, père, mec, etc.
- Je vous respecte et vous souhaite Santé & Bonheur !
- Je vous aime tous et toutes !

Si vous avez besoin de mes conseils et de mon amour... Appelez-moi, je suis et serai toujours là.

Quoi d'autre... Rien !

L'Argent

- Monnaie d'échange en pièces ou en billets et/ou en cartes de débit ou crédit.
- Chiffre Bancaire (numérique virtuel).
- Crypto Monnaie (cyber monnaie).

Gros soucis et tracas du peuple entraînant les pires conneries de l'être humain.
À travers des actes comme le vol, l'escroquerie, le piratage de compte et le meurtre.
Oui, l'argent peut rendre fou !

L'argent :
- *Qu'il soit gagné, volé ou donné...*
- *Qu'il ait été prêté, perdu ou réclamé...*
- *Que tu l'aies joué, hérité ou trouvé...*

« L'argent n'a pas d'odeur !
Mais les femmes ont du flair... ».
Dirons avec humour certains hommes.

Sources de guerres et de conflits.
L'argent ne fait pas le Bonheur... Mais il y contribue.

Mais comment toujours en avoir et surtout ne jamais en manquer ?!
Toujours, par expérience et pour l'avoir testé, l'argent tourne et est fait pour tourner.
Concrètement, si vous gagnez, 5000 euros via une loterie et que vous les 'gelez' en banque... Vous allez les 'perdre' rapidement à cause d'autres frais provenant de nulle part !

Par contre, si vous redistribuez votre gain en en faisant profiter autrui, à raison de 25 % minimum, vous allez faire tourner l'argent.
Et l'argent qui tourne, vous reviendra toujours !

Je sais, c'est difficile à croire et à comprendre, mais je vous assure l'efficacité de cette loi divine, pour l'avoir testée et pratiquée.

Loi bien appliquée par les commerçants... Sauf pour ceux qui ont triché et chez qui vous avez, peut-être trouvé porte close du jour au lendemain.

Aujourd'hui, je ne peux vous conseiller que de tester mes écrits, et ce, sans avoir peur.

Pour vous rassurer, voici quelques exemples concrets et vécus.

Un beau jour, un collègue m'a demandé de lui prêter 40€ Chose que j'ai faite !
Un mois plus tard, il quitte le pays pour raison professionnelle, sans me restituer mon argent.

Trois mois plus tard, lors d'un transfert par bateau, toujours pour mon boulot, un autre collègue m'a offert le billet. Ce billet, incroyable mais vrai, était de valeur égale à la dette qui ne m'avait jamais été remboursée.

Depuis ce jour, je me suis amusé à noter tous les frais privés et professionnels qui ne m'étaient pas payés ou remboursés. De plus, et par la même occasion, j'ai noté tous les cadeaux et gratuités qui m'avaient été offerts.

Eh bien, je peux vous rassurer et vous assurer que l'équilibre est parfait !

En conclusion, je dirais que l'Argent n'est qu'une commodité pour vivre.

Argent qui ne doit pas être une « obsession » pour Vivre Heureux et dans le Bien Être !

Le Bonheur ne peut, comme la Santé... S'acheter.

La Communication

-   Transmission, conversation, contact avec autrui.

Vous noterez quand même deux communications différentes.

La première étant la plus pratiquée chez les terriens du 21ᵉ siècle, c'est-à-dire les moyens technologiques, dits artificiels (téléphone, email, sms, etc...).
La seconde étant la moins pratiquée de nos jours, c'est-à-dire, les moyens naturels. Le regard, la gestuelle et la parole.

Oui, la communication n°1 est le regard !

« Non ! Ne dis rien... Rien que dans tes yeux je te lis, comme dans un livre... Ta joie, ta tristesse, tes envies, ta santé, ta méfiance et ta personnalité ! ».

L'homme qui parfois se cache derrière ses lunettes noires pour se protéger. Et sans complexe, il te parle à travers elles prétextant communiquer.

D'autres vous parlent aussi sans jamais vous regarder en face... Ils balayent leurs yeux de gauche à droite... Une fois en l'air, une fois en bas.

Pourquoi ?
Parce que l'œil est le miroir de votre être, et beaucoup de gens ne veulent pas que l'on voit en eux !

Les preuves sont les nombreuses expressions attenantes aux yeux.

*« Je n'arrive pas à fermer l'œil de la nuit » Preuve de
stress et d'anxiété !*
*« Je voudrais te parler entre quatre yeux » Preuve de
franchise et de vérité !*
« Faire de l'œil » Preuve de connivence et de séduction !
*« Que pour ses beaux yeux » Preuve de
désintéressement !*
« Ouvrir l'œil » C'est être attentif !
« Ne pas avoir ses yeux en poche » Preuve de curiosité !
« Je m'en bas l'œil » Preuve de moquerie !

Dans les expressions négatives, on peut aussi entendre :
- *Le parent dire à son enfant* – Baisse tes yeux !
- *L'adolescent* – Qu'est-ce que t'as à me regarder...
Tu veux ma photo ?!
- *L'enfant* – Tes yeux noirs me font peur !

*Voilà donc ce que vous devez réapprendre à faire pour
mieux communiquer entre êtres humains.*

*Les yeux et les mains sont frères et sœurs, que la parole
et l'écriture sont cousines.*

*Vous pouvez donc facilement connaître quelqu'un et
communiquer avec, lui ou elle, rien qu'en le ou la
regardant dans les yeux et en observant ses mains.*

*Allez ! Décrochez un peu de vos réseaux sociaux,
'Connexions Virtuelles'... Prenez le temps de voir vos
amis, collègues ou conjoints en Vrai !*

*Trouvez-y une communication naturelle de plaisir qui, je
vous rassure, ne vous apportera que du Meilleur !*

Que du Bonheur ! Que du Bien Être !

L'Amitié

- Témoignage, d'affection et de sympathie portées à quelqu'un.

Pour ma part, je serai plus sévère que le dictionnaire, car l'amitié est, de ce que j'entends, beaucoup plus importante que cette définition.

J'ai donc étudié les relations dites Amicales, et en ai déduit ce qui suit :

Pour garder l'Ami(e) que tu auras choisi(e).

- *Tu ne lui prêteras jamais… Mais, tu lui offriras.*
- *Tu le conseilleras… Sans jamais prendre parti.*
- *Tu le raisonneras dans ses folies… Sans jamais le suivre.*
- *Tu l'écouteras… Sans jamais le condamner.*
- *Tu lui raconteras… Sans jamais lui mentir.*
- *Tu lui dévoileras tout… Sauf ton privé.*

À défaut de suivre ces préceptes… Tu le perdras !
Ou il deviendra, peut-être, ton pire ennemi.

Et comme le proverbe le dit très bien : « Les bons comptes font les bon Amis ».

On pourrait aussi rajouter…

Tu aimeras ton Ami(e), tu l'hébergeras, tu le nourriras, tu partageras avec lui/elle, les bons et mauvais moments.

Mais cela reste du domaine intuitif.
Domaine où vous restez seul juge de vouloir et de savoir
rester équilibré dans votre relation à l'image de celle
d'un couple.

Un couple qui vit dans le Bonheur d'être complice - « cul
et chemise ».

Par ailleurs, vous noterez aussi l'amitié à travers les
âges.
Un Ami d'enfance ne restera pas nécessairement l'Ami de
votre adolescence.
Celui de votre adolescence, ne sera, peut-être, plus celui
de votre vie d'adulte.
Adulte resté célibataire ou qui s'est marié.
Et si vous êtes devenu un parent... Vous serez amené, à
composer, voire à vous justifier vis-à-vis de votre
conjoint. Les conjoints qui n'apprécient, pas toujours, les
Amis.

Amis pouvant être, parfois, considérés comme des
concurrents ou parasites au couple et/ou à la famille.

Que de paramètres démontrant que l'Amitié est une
relation unique basée sur un seul point commun et
partagé entre deux personnes.

L'Amitié est et doit rester sans profit ni intérêt. Elle doit
être une relation naturelle offrant simplement un Vrai
Bonheur !

La Dépression

- État dû à la perte de quelqu'un ou quelque chose.
- État moral et physique affaibli, marqué de tristesse.

Chapitre, hélas, à la mode en ces temps de restrictions et/ou privatisations de nos libertés décidés par les états. Avec pour exemple le confinement que nous avons dû subir suite à la 'pandémie' du Covid.

Bref, il est intéressant pour moi de vous expliquer que ce n'est pas en ingurgitant des antidépresseurs que vous allez guérir.
Il est encore plus important pour moi, de vous dire que la dépression n'est pas une maladie, mais bien un état moral en besoin des 3A : Amour – Affection et Amitié !

Trois A n'existant hélas pas en prescriptions médicales...
D'où, certains Docteurs préfèreront vous prescrire une douzaine de séances chez le psy.

Psychologue, qui après étude des ouvrages classiques, comme Freud, va discerner théoriquement et intuitivement les troubles du patient atteint de désordre mental, touchant aux pensées, sentiments et émotions, via des tests et dialogues.
Le Psy, qui restera dans sa fonction d'écoute, vous conseillera d'adopter des techniques pour aller mieux.
Mais, pour soigner un cœur blessé, le seul « médicament » est l'Amour et encore et toujours de l'Amour.
Les personnes déprimées sont simplement tristes d'avoir perdu quelqu'un ou quelque chose qu'ils adoraient. Bref, qu'ils aimaient et qui a disparu pour toujours.

Elles ont tendance à ruminer cette tristesse et à la projeter dans le futur.
En résumé, elles ne voient pas de solution à leur chagrin... Elles bloquent sur le vide.
Elles donnent trop d'importance à leur blessure d'Abandon !
Certains accusent même les autres de leur état.

C'est donc en manque crucial d'affection qu'ils peuvent heureusement remplacer leur animal de compagnie décédé par un semblable.
Ainsi, ils donneront solution à leur dépression pour en refaire une, le jour ou l'animal de compagnie disparaitra à nouveau.

Côté Humain, cette solution n'existe évidemment pas.
C'est pourquoi je préconise toujours l'Amour Sans - Attachement.

Pas évident me direz-vous... Aimer sans s'attacher n'est pas facile... Et pourtant c'est la grande solution.
Ceci n'empêchant pas de donner de l'affection à vos enfants, votre conjoint, vos Ami(es).

A défaut de gestes tactiles qui rebutent hélas certains d'entre vous... L'affection peut être aussi donnée et reçue sous différentes autres formes.
Choisissez celle qui vous convient.
ICI est la guérison assurée de votre dépression.

Maintenant c'est à VOUS d'entamer l'Action qui vous sortira du manque affectif qui vous a été imposé.

En conclusion, c'est le vide qu'il faut remplir d'Amour, d'Affection et d'Amitié.

Les Émotions

- Troubles du conscient dûs à des images ou paroles perturbatrices.

Eh oui, l'Homme est proie à mille et une émotions pouvant le troubler.

Voici, sans nul doute, le chapitre le plus sensible du livre. Être hyper émotif est très délicat pour rester heureux.

Il vous faudra donc apprendre à gérer les situations auxquelles vous allez être exposé... Et celles auxquelles VOUS vous êtes exposé.

Accident, décès, mariage, courrier, enterrement, photo, baptême, et personnes... Mais aussi, police, tribunal, divorce, licenciement, échec, etc.

Il vous faudra apprendre aussi :

- *À dire bonjour, merci et au revoir, sans entendre une réponse.*
- *Pardonner, en étant agressé.*
- *Dire je t'aime, je t'adore, sans rien attendre en retour.*
- *Donner, offrir et partager, sans jamais reprendre.*
- *Rire ou pleurer, sans être gêné.*
- *Sourire à celui qui vous grimace, sans le traiter de con.*

À défaut de rester calme dans ces 1000 et une situations, vous allez vous rebeller sur les conneries des gens ! Vous allez donc vous blesser et vous irriter inutilement.

Vous allez vous énerver et devenir coléreux, quitte à vous battre, verbalement ou physiquement, pour avoir raison. Vous ne suivrez pas votre intuition, qui vous dit – Laisse tomber !

Pourquoi vouloir répondre aux 'cons' qui vous agressent gratuitement de leurs jalousie, haine et/ou blessure ? Répondez-leur par le silence, voire par un large sourire pour les conforter dans leur connerie de ne rien comprendre et de ne rien vouloir comprendre au bonheur de vivre dans la paix, la joie et la bonne humeur !

Vous savez, aujourd'hui...Vous aimez peut-être votre ami, votre patron ou votre mère. Vous ne voyez et vivez que pour votre job, commerce et/ou votre société.

Et demain... ? Vous allez déprimer parce qu'ils ne vous ont pas été fidèles ? Car ils n'ont plus besoin de vous ? Car ils vous diront qu'ils n'ont plus confiance en vous ? Mais dites-vous bien que rien, ni personne n'est fiable et que tout est aléatoire, passager, éphémère, temporel et que tout ne dure qu'un temps !

De plus...

- *Vous pensiez que tout le monde est – Beau & Gentil ?!*
- *Vous pensiez que se marier et avoir un enfant est sécurité ?!*
- *Vous avez cru, un bref instant, que votre banquier assureur était votre ami ?!*

- *Vous avez fait confiance à votre voisin qui vous a trahi ?!*
- *Vous avez été violé par tonton ?!*
- *Vous avez été volé, menti, culpabilisé, traité, triché et insulté par autrui ?!*

Dites Vous alors que grâce à tous ces « méchants » qui vous ont fait vivre de fortes émotions... Vous avez appris à mieux les gérer.

- *Ces émotions qui, à l'époque, me faisaient carrément « tomber dans les pommes ».*
- *Ces émotions qui m'ont fait nager dans l'alcool.*
- *Ces émotions qui m'ont rebellé à casser la gueule au premier venu.*

Aujourd'hui, je gère mes émotions pour ne plus être leur victime.
Et le plus 'comique' est que mes proches me traitent, aujourd'hui, d'insensible ou de 'sans cœur' !

Oui, je l'avoue, je réagis très difficilement aux scandales, aux horreurs, aux accidents mortels et aux catastrophes !

Pourquoi ?
Parce que, si vous examinez bien les accidents ayant hélas coûté la vie à des êtres humains... Vous remarquerez que s'ils avaient écouté leur intuition, leur instinct et les signes du destin, comme bien expliqué dans un chapitre précédent, ils n'en auraient peut-être pas été victime.

Pleurer les 'stupidités humaines' n'est plus du tout dans ma philosophie de vie.

Quand je vois quelqu'un qui filme un tsunami et qui se fait écraser par la vague... Oui, ça me fait « sourire » !

Je vous souhaite, en conclusion de ce chapitre, de prendre du recul... Beaucoup de recul si nécessaire, pour rire de la situation que vous vivez en la dédramatisant. Ceci vous aidera à mieux gérer vos émotions.

Pour rappel, l'origine de l'émotion prend toujours vie par un de vos sens... Elle vibre de ce que vous entendez, voyez, mangez, touchez et sentez.

Fermez le(s) sens « déclencheurs » et l'émotion disparaitra... Comme elle est apparue.

Les Pensées

-   Imagerie du subconscient portant conséquence à.

Voici le chapitre « incroyable mais vrai » !

Les pensées sont effectivement déterminantes à vos santés affective, financière et physique.

Mais en plus, elles influencent incontestablement votre destin.

Il ne faut pas confondre, espoir et pensée qui ne sont pas du tout la même chose.
Il ne faut pas, non plus, associer les verbes croire et penser.
Par contre, vous pouvez constater que le hasard est souvent lié à une pensée.

Pour histoire, j'ai eu le plaisir de découvrir et de noter une très jolie phrase définissant ce fameux mot – Hasard.
Celle-ci disait : « Le hasard est le nom que prend Dieu pour passer inaperçu ».

Plus la pensée est concentrée et précise, plus vite arrive ce que vous pensez !

Comme tout le monde, vous avez déjà été surpris et étonné de penser à quelqu'un... Et comme par hasard, il apparaît dans les minutes qui suivent.

Dans les expressions communes et fréquentes justifiant que les pensées sont créatrices d'événements, de rencontres, de malheur ou de bonheur. On peut dire,

sans aucun doute, que la pensée émet des ondes
électriques (connexions) à très longue distance.
Et plus vous pensez fort et longtemps avec imagination
et conviction... Plus vite arrive l'événement ou hélas
l'accident. Et ce, de la même puissance que vous l'avez
pensé !

On peut aussi assimiler la pensée avec l'imagination.
L'imagination étant le fruit de vos pensées qui va
construire, en partie, votre futur.
Je sais c'est un peu fou... Mais c'est bien une réalité
constatée !
Imaginez-vous malade... Et vous serez malade !
Pensez que vous allez partir en vacances... Et vous vous
retrouvez invité à prendre congé !
Imaginez-vous divorcer... Et vous serez quitté !
Pensez que vous allez être volé... Et vous le serez !
Imaginez-vous gagner à la loterie... Et vous gagnerez !

Beaucoup trop de gens disent :

-   J'y ai cru, mais bon... J'ai vite oublié.
-   J'imaginais bien que ce rêve était trop beau pour
    être vrai.

Et la preuve est que la belle aventure est déjà finie.
Mais il y a encore plus fort que ces pensées créatrices.
Il existe aussi les pensées qui ont effet sur les objets.

Les objets que l'on peut déplacer, allumer ou éteindre ou
encore déformer rien qu'en se concentrant.
Pour exemple : fermer une porte ou éteindre un
téléviseur.
Mais cette technique fait partie de la télékinésie qui, ici,
n'est pas le sujet.

Par contre, la pensée dite - de jalousie - peut hélas vous impacter. Certains appellent celle-ci - la magie noire. Mais je ne vois pas l'intérêt de développer et de vous expliquer ce style de pensées qui est contraire aux valeurs du bonheur.

Par contre, si je devais vous conseiller un style de pensées apportant le Bonheur, je vous conseillerai de penser comme je le fais depuis bien longtemps.

Pensez en parlant et en visualisant le sujet.
C'est déjà le dessiner.
C'est une technique prouvée qui activera la réalisation de ce que vous rêvez de voir se concrétiser.

Essayez-la... C'est parfois surprenant d'efficacité.

Votre libre pensée, est déterminante !

La Peur

- Penser au danger, craindre de mal faire, douter, hésiter.

Ce chapitre est la leçon de conscience par excellence !

La peur est tout simplement une réaction dite – normale – face à l'inconnu.

Dans le hit-parade des peurs, il est très comique d'entendre des gens qui ont peur de l'avion, alors qu'ils n'ont jamais vécu de crash aérien !
Mais alors, d'où vient cette angoisse de grimper dans un cigare de métal muni de deux ailes et d'un moteur ?

- *La première est la peur transmise par autrui.*
- *La deuxième est la peur de l'inconnu.*
- *La troisième est la peur du vécu.*
- *La quatrième est la peur de l'inattendu.*

La première étant la plus stupide, mais la plus courante.
La deuxième étant la peur transmise par, très souvent votre mère, papa ou autre ainé.
La troisième étant la personne qui veut partager sa propre peur alors que vous n'avez pas peur !
La quatrième est aussi associée aux accidents et images chocs tels les films et/ou reportages télévisés.

Enfin, il serait bien de prendre conscience que cette foutue peur bloque et arrête l'homme dans ses actes jusqu'à lui en prendre le contrôle et la parole !

La peur fait trembler, hésiter et trébucher !
Elle vous empêche de discerner !

Elle vous fait prendre de mauvaises décisions.
La peur trompe votre intuition mais, réveille et active
votre instinct.
La peur est négative et bizarrement positive.

Positive si vous admettez, reconnaissez votre peur et non
celle d'autrui.
La dépasser, lui rire au nez, c'est la vaincre !
La preuve, en exemple, les personnes qui après avoir
accédé à un manège de fête foraine, en sortent secouées
mais souvent en rigolant et en disant : « Suis-je bête
d'avoir eu peur ! ».

En conclusion, on pourrait dire aussi que la peur est
l'opposé de la confiance.

- *La confiance en soi.*
- *La confiance envers les autres.*
- *La confiance en la matière.*
- *La confiance en la vie.*

En résumé, il est impossible de ne plus avoir peur... Et si
vous ne deviez plus jamais avoir peur de rien ni de
personne, il y aurait beaucoup de chance que vous soyez
sous l'effet de drogues ou devenu un robot insensible aux
émotions telles le Bonheur !

La Peur meurt dans l'Action !

Le Travail

- L'origine du mot travail vient du latin « Tripalium » qui était un instrument de torture composé de trois pieux ! Le travail désigne donc la souffrance et la douleur.
- C'est aussi exercer une action, une activité pour obtenir un résultat.

Malgré ces définitions le mot travail reste pour l'homme, trois choses :

- *Soit une passion... Un plaisir d'exercer son talent à travers un travail. (Activité Naturelle).*
- *Soit une obligation de devoir survivre avec un travail non choisi et donc forcé ! (Corvée).*
- *Soit un refuge qui le soulage et lui évite la confrontation familiale. (Échappatoire).*

Malgré que le travail soit un calvaire pour certains, d'autres, heureusement, vivront épanouis grâce à leur travail !

Alors que certains travaillent pour partager le fruit de leur travail, d'autres travaillent pour un salaire, pour obtenir un statut, pour s'assurer une bonne retraite ou juste avoir une bonne image professionnelle.
Le pire étant ici le fameux : « Faire pour faire ou travailler pour travailler ».

Un des grands classiques est l'adulte faisant un enfant pour faire un enfant.
Pourquoi ?
Son but inconscient est de payer, régler sa dette envers ses parents.

Ainsi, pense-t-il, je m'égale à eux en les remboursant de la vie qu'ils m'ont donnée... Et en cadeau, ils deviendront grands parents.

En résumé, votre manière de vivre, de travailler, de jouer, de choisir, est liée à vos parents et/ou autre personne vous ayant fait définition de la conception du verbe –Travailler.

Travailler pour qui ? Travailler pour quoi ?

Le but ultime du travail est de changer, améliorer transformer et développer les matières et la réalité des choses.
Le Travail est donc Physique & Social. Il va et doit profiter à tout le monde.
Le Travail est une « libido » qui doit aussi circuler !

-       Mais dites donc... La Libido est sexuelle ?

Oui, la Libido est une Energie Vitale qui englobe nos désirs, nos envies, nos pulsions de vie, et généralement toute notre activité sexuelle.
Si cette - Libido - est non exprimée, elle deviendra maladie psychosomatique.

L'important est donc de Libérer cette Energie Psychique en la mettant en Action.
Action Sociale, ou Créativité Artistique, le but 1ᵉʳ étant de vous Exprimer.
Ainsi, vous pourrez sublimer votre Energie qui profitera aux Autres.

En résumé, tout ce que je fais est destiné à ceux qui pourront en bénéficier.

Ceci s'appelle le Don de Soi – le Don de son Savoir Faire et/ou de son Art.
Ceci définit qui nous sommes vraiment !

Alors oui, on peut le dire :
-   Le travail c'est la santé - Rien ne faire, c'est le conserver.
-   Les ouvriers du boulot ne font pas de vieux os.
-   L'homme n'est pas fait pour travailler… Car quand il a boulotté, il est fatigué.
-   On ne vit pas d'amour et d'eau fraîche… On vit par son travail.
-   Il n'y a pas de sot métier… Il n'y a que de « sots gens ».
-   Ce n'est pas le travail qui déshonore… Mais l'homme qui honore son travail !

À ce propos, les « sots gens » préfèreront parler et vanter l'image, la fonction ou le grade qu'ils ont dans le travail, plutôt que d'avouer y être exploités ou malheureux !

Ça fait bien aussi de dire : « A 65 ans, je tiens toujours mon commerce depuis 45 ans et ce, sans jamais avoir pris de vacances - *Et de rajouter* « Je ne le céderai à personne… Même pas à mon fils qui aujourd'hui ne sait faire que de se 'pochtroner' dans les bars ».

Ça fait bien aussi de dire : « A 70 ans, je bosse toujours en parcs et jardins ».

Ça fait encore bien de dire : « A 80 ans, je suis président du club de bridge ou secrétaire du comité des commerçants ou échevin de la ville.
Céder ma place ? Moi… Jamais ! ».

En toute réflexion, ne serait-ce pas un besoin de reconnaissance ou d'évasion ou de se sentir encore utile ?

Ça fait du bien de se sentir toujours en activité... Mais je pense que ces personnes ont oublié de vivre, de profiter de la vie et d'être utiles auprès de leurs proches qui ont attendu et, souvent attendent toujours, de pouvoir recevoir un peu de présence et d'attention.

Enfin, je peux vous assurer que tous ces gens n'ont fait que travailler trop souvent par peur de manquer d'argent.

Manquer... Mais de quoi ? Vous répondra notre jeunesse actuelle.
Jeunesse nous donnant une belle leçon, de préférer VIVRE que de s'esquinter dans un - Tripalium - usant et démolissant la santé.

A méditer.

L'Obsession

-   Idée fixe assiégeant le conscient et qui l'obsède.

Obsession de vouloir et d'avoir.
Et si on n'obtient pas ?
On se battra jusqu'à...
Jusqu'à quoi ?
-   *Jusqu'à être épuisé ?!*
-   *Jusqu'à être démoli moralement et/ou physiquement, d'avoir lutté contre X sans avoir gagné ?!*

Le contraire de l'obsession est l'adaptation.
L'adaptation qui, pour moi, est la plus grande qualité pouvant être aussi le plus grand défaut de l'être humain.

Pourquoi s'obséder, insister, s'obstiner, persister, ramer, pédaler et combattre au lieu d'adapter votre comportement à la situation ?

Pour exemple – Voici un homme qui participe à une vente aux enchères et vise l'achat de la maison de ses rêves et ce, quitte à tripler le prix pour l'obtenir.
Mais, les enchères montent tellement haut qu'il s'obstine à cet achat. Sorti gagnant, il l'acquit pour constater six mois plus tard que la maison était malsaine, bonne à démolir ou à revendre.

Pour clôturer ce chapitre – Voici quelques obsessions les plus « mortelles » qui vous détruiront si... Vous ne comprenez pas rapidement que vous allez, avec elles, au casse-pipe.

Les jeux de hasard qui vous seront fatals.

Les jeux de séduction tournant à la possession.
La pratique extrême des sports dangereux.
La consommation de produits néfastes allant vous
rendre addict et dépendant.

Sans oublier l'expression fétiche des obsédés arrivistes :
« Ne jamais rien lâcher... Quitte à en crever ».

L'obsédé qui veut se prouver et prouver aux autres qu'il
est capable d'obtenir.

Ainsi, son Ego surdimensionné risque fortement de lui
ruiner la santé.

Dans ce cas, c'est la Maladie qui exprimera, par
excellence, ce qu'il n'a pas été capable d'arrêter pour
vivre en Paix, Heureux et en Bonne Santé.

La Logique

-   Résultat entraîné par une action.

Dans les conversations courantes et publiques, j'entends encore trop souvent l'expression : « Ce n'est pas normal tout ça ! Ce n'est pas logique ».

Cette Expression entraîne très souvent, un énervement de la personne qui ne comprend pas et n'accepte pas le changement ou la nouveauté.

Elle se rebelle alors contre quelqu'un ou quelque chose qui lui est désagréable.
La personne est donc perturbée de devoir subir une situation qui lui est anormale ou illogique.

La vraie logique voudrait que la personne accepte la nouvelle situation sans pester ou attaquer qui que ce soit. Mais, trop souvent hélas, on constate l'agression par des remarques et questions idiotes. Dans le style : « Avant vous ouvriez plus tard ou avant c'était moins cher ». Bref, pourquoi ci, pourquoi ça ?!

Dites-vous bien que si le commerçant ou l'institution a changé ses habitudes de prix, d'heures d'ouverture, etc... C'est qu'il avait une bonne raison de le faire. Et ce n'est pas vous, qui allez changer ou modifier celles-ci avec vos commentaires agressifs et/ou inutiles !

Par contre, si la logique du commerçant ne vous plaît plus, changez de commerçant... Tout simplement.

Comme dans le chapitre de la conception, une chose sera logique pour vous, mais pas pour votre voisin.

Une situation sera naturelle pour vous, mais pas normale pour votre conjoint.

Et pour dernier petit rappel... La logique est toujours naturellement physique et rien d'autre.
Exemples :

- *Je tombe dans l'eau, j'en sors mouillé.*
- *Je mets ma main dans le feu, je suis brulé.*

Est-ce compliqué à comprendre ?

Même si certains arriveront encore à critiquer ces phénomènes physiques... Il faudra alors en rire avec beaucoup d'humour.

Ces gens antinaturels sont à éviter si vous ne voulez pas qu'ils vous perturbent et vous déboussolent dans votre quête au Simple Bonheur !

Lutter

-   Combattre contre quelqu'un ou quelque chose.
    Vouloir s'imposer.

Se forcer à survivre – Se battre contre X.

-   *Action de deux forces agissant en sens contraire.*
-   *Action de vouloir changer l'autre !*
-   *Action de vouloir convertir l'autre.*

L'autre qui, peut-être, n'a rien à foutre de vos opinions et façons de vivre.
Et vous, vous vous exténuez à vouloir transformer l'autre à votre image.

Lutter c'est avoir l'esprit d'un compétiteur.
Et le Bonheur n'est pas Compétition !

Les lutteurs, les battants sont des gens qui, pour avoir écrasé leurs concurrents, jouissent d'une joie tellement éphémère, qu'après leur victoire, ils ne pensent qu'au prochain combat !

Pourquoi ?

Pour prouver aux autres, (leurs parents en priorité), qu'ils sont les meilleurs et capables d'être forts ! Voire invincibles.

Il ne faut pas être assimilé à une 'couille molle', un mollusque ou une éponge !

Mais la différence entre une éponge et un gros caillou, c'est que l'éponge rebondit, efface, rafraîchit, glisse et quand on la frappe ou la presse, elle garde sa forme sans jamais « Avoir Mal » par rapport au roc qui lui, peut casser !

En conclusion, si vous pensez que vous avez vaincu votre adversaire grâce à la lutte acharnée que vous lui avez menée, vous n'avez toujours rien compris au bonheur !

Embrasser la vie, c'est embrasser votre adversaire. Ainsi, et seulement ainsi, il sera vaincu par votre baisé, par votre bonté, votre bienveillance et l'attention que vous lui avez portée.

ICI est la Vraie Victoire vous conduisant au Bien Être... Au Vrai Bonheur !

Accepter

-   Savoir donner et recevoir.

L'acceptation est une règle fondamentale au Bonheur de voir et de savoir l'autre heureux dans sa façon d'être et de faire.

Accepter, c'est aussi accueillir sans retenue un cadeau. Mais quel est le « con » qui refuserait un cadeau me direz-vous ?

Si je vous l'écris, c'est parce que trop de gens refusent des cadeaux... Cadeaux de la vie, cadeaux matériels, cadeaux de cœur et 'cadeau du ciel' !

Pourquoi ?

Question de principes, question d'éducation, question de valeurs ?!

Pour ma part, je peux vous affirmer qu'accepter un cadeau est un Bonheur et si vous êtes un peu attentif, vous remarquerez très vite que la vie, elle aussi, vous offre son lot de cadeaux au quotidien.
Mais encore faut-il y être Attentif et dire Merci !

Acceptez donc de dire merci !
Mais à qui ? Me direz-vous.
À la vie, à la chance ou au hasard ?

Acceptez de dire Merci à votre - Ange gardien - de vous guider et de vous protéger au quotidien... Merci à lui, merci à la vie !

Imaginez-vous refuser un cadeau de la vie... C'est alors que votre ange gardien se fera tellement discret, que vous penserez ne plus avoir de la chance !

- *Accepter c'est reconnaitre ce qui est.*
- *Accepter c'est, recevoir volontiers ce qui vous est communiqué et/ou offert.*
- *Accepter les différences et divergences.*
- *Accepter la critique.*
- *Accepter un bisou.*
- *Accepter la météo.*
- *Accepter - Tout en Tout - est primordial pour obtenir la Paix et le Bonheur.*

Êtes-Vous capable d'Accepter ce qui est ?

Bons Sens

- Fonction du cerveau permettant d'analyser les situations avec connaissance et intuition.
- Capacité de distinguer le bien du mal.
- Donner un sens à sa vie.
- Pratique et organisation.

Muni de vos 5 sens physiques, rien ne peut vous arriver de fâcheux.
Sauf si l'un de ceux-ci est défectueux ou négligé.

Pour rappel, vos 5 sens sont : la vue, l'odorat, le touché, l'ouïe et le goût.
De plus, muni de votre 6ème sens, dit spirituel, vous devez être intouchable.
Le 6ème sens se rapporte à la petite voix que vous n'entendez pas grâce à votre ouïe, mais qui est souvent exprimée dans votre tête.

Pour exemple – Au casino, jeu de hasard, il existe effectivement des statistiques de numéros. À la roulette, après le numéro 1 il est souvent conseillé de jouer le 36 et/ou le 25.
Mais si votre 6ème sens vous dit le 18 alors jouez-le… Et arrêtez de calculer !
Trop réfléchir, voilà une action à éviter.
Combien de gens ont-ils calculé, et trop calculé, pour se retrouver perdus et déçus, faute d'avoir, une seconde, écouté leur 'cœur' ?
Mais l'humain écoute plus vite l'humain que son intuition.
Ainsi l'Adulte dira plus vite : « Oh, si j'avais su »… Alors qu'il le savait déjà grâce à sa petite voix, qu'il n'a pas écoutée.

Du côté des enfants et ados c'est différents... Ils cherchent d'office un sens pratique aux devoirs que vous parents leur inculquez.
Devoir être à la hauteur de ce qu'on lui demande, alors que lui, l'enfant - l'ado, n'en trouve pas le bon sens...
Voire l'utilité.
Et si par malheur, l'enfant ou l'adolescent ne trouve pas un sens naturel et pratique au style de vie que vous lui avez réservé et/ou programmé,
Ça va être « votre fête » !

Sachez que, décider seul, d'un style d'études pour votre enfant est négatif et portera à conséquences.
Pourquoi ne pas dialoguer des droits et des devoirs vitaux au bien-être de votre enfant et non au vôtre ?
Pourquoi lui refuser un sport qu'il rêve de pratiquer ?
Pourquoi ne pas chercher ensemble un - Bon Sens - à son Bonheur ?

Dans l'anti bonheur, il y a ce fameux - sens - pratique et sympathique que nous n'avons pas encore développé.
Le sens pratique des choses, comme on dit souvent, est source de facilité et de bien-être et non source de soucis et d'énervements inutiles.
Apprenez donc à vous organiser et à vous simplifier la tâche.
Faites le choix de ce dont vous avez besoin... Et rien d'autre !
Soyez concret et non disparate.
Allez à l'Essentiel !

Pour exemple traditionnel... Les clés !
Mais où ai-je mis mes clés ?!

Si vous les mettez toujours dans la même poche et au même clou rentré à la maison, il est clair que vous ne les chercherez que deux secondes au lieu de vingt minutes.
Si vous partagez vos clés avec autrui... Ce n'est toujours pas le bon plan.
Si vous avez un trousseau de 5 clés et qu'elles se ressemblent toutes, ce n'est pas gagné non plus.
Une couleur pour chacune d'elles, vous évitera des prises de tête.

Avec le sens pratique des choses et de l'organisation, vous nagerez dans une simplicité de vie que tous vous envieront.

Aujourd'hui, vous partagez votre bureau, votre atelier, votre appartement avec un collègue et/ou un conjoint.
Ce conjoint qui n'a pas la même notion pratique du rangement que vous ou pire encore, il n'a pas la même conception de l'organisation.
La preuve, quand vous rentrez chez vous, imaginons que vous rangez vos chaussures en les mettant sous la table du salon. Ainsi, vous savez où elles se trouvent... Mais, votre conjoint les a déplacées et rangées dans le hall d'entrée.
Levé au matin, vous ne les trouvez pas et êtes obligé de chercher après et de demander à la personne qui partage votre logis : « Où sont mes chaussures ?! ».
Perte de temps et énervement assurés !

Voilà pourquoi, les enfants sont souvent en guerre avec leurs parents.

Voilà pourquoi, aussi, vous rentrez en guerre avec certains de vos collaborateurs.

Le quotidien pratique est assurément du Bon Sens dans l'organisation conduisant à la facilité de chacun.

Chacun est libre de vivre dans le bordel ou dans le rangement.
Chaque personne doit respecter et partager le mode d'organisation de l'autre.

Bref, histoire de bon sens.

Les Habits & Habitats

- Tissus recouvrant le corps.
- Lieu d'occupation pour l'homme à des fins de logement.

Drôle de chapitre pour un livre parlant du Bonheur & Bien Être, n'est-ce pas ?

Chapitre écrit, suite à plusieurs expériences vécues à ce sujet. Il aurait été dommage de ne pas vous en faire profiter, car je pense qu'il est aussi très important à votre futur bien-être.

Les vêtements achetés sont en majorité achetés en magasin ou en e-commerce (sur internet).
Ils sont donc neufs et n'ont jamais été portés par une autre personne que vous.
Même si certaines personnes l'auront peut-être essayé avant vous quelques secondes en cabine d'essayage.
Mais bon... On ne va pas non plus dramatiser.

Pour votre bien-être, il est préférable que le vêtement que vous avez acheté soit « vierge ».
Pourquoi ?
Chaque objet est et sera toujours imprégné à long terme des ondes (vibrations) qu'émet son propriétaire.

Par exemple, si vous venez toujours à porter un vêtement de votre grand-mère, vous serez impacté de celle-ci via ce vêtement, sauf si celui-ci a trempé dans de l'eau salée et ce pendant une heure !
Il en est de même pour les bijoux, les chapeaux et autres accessoires vestimentaires.

Soyez donc attentif à ne jamais porter un bijou, une montre ou accessoire en métal ayant appartenu à une personne... Si ce n'est à vos dépens !

Sachez aussi, qu'une personne qui repasse votre linge, va le charger de ses ondes via le fer à repasser. Encore un truc incroyable mais vrai, n'est-ce pas ?!

Pour peaufiner ce chapitre que je souligne d'important, il existe aussi les voitures avec lesquelles on a que des pannes ou des accidents.
Normal si, par exemple, on sait que cette voiture est d'occasion et que son ancien propriétaire a dû s'en séparer à contre cœur.
Il émet donc ainsi des pensées de regret qui vous portent préjudice !

Dans un autre cas, votre véhicule a été acheté par votre père... Mais il est immatriculé ou assuré à votre nom.
L'auto appartient donc à votre père et non à vous !
Il se peut donc que les états d'humeur et pensées de votre père interfèrent sur le conducteur ainsi que sur le véhicule.

Pour autre et dernier exemple vécu et concret, nous allons aborder les habitations.
À l'image des vêtements et voitures que vous « habitez », vous logez peut-être dans un appartement qui vous donne le cafard... Ou un studio qui vous donne envie de faire des fêtes... Ou une maison qui vous rend violent ou triste.

C'est tout à fait normal dans le sens où cette habitation est imprégnée d'histoires et/ou de personnages (anciens habitants) vous impactant de leurs états d'être ou de ne plus être devrais-je dire.

Mais encore... Une habitation peut être sous pollution aérienne dite - Electro Magnétique ou sous terraine dite - Aquifère.

En conclusion, votre environnement et votre habitat sont et restent très importants à votre bonne santé.

Soyez-y attentif.

La Reconnaissance

- Admettre l'existence de quelque chose ou de quelqu'un.

Reconnaissez mes talents ! Je suis là, je suis vivant !
Reconnaissez-Moi ! Je suis utile, je suis compétent !

La triste réalité est que trop souvent les gens qui vous entourent n'ont rien à foutre de vos talents et savoir-faire... Sauf, quand ça les arrange... Biensûr.
Et vous, pendant ce temps... Vous rêvez d'être reconnu à votre juste valeur.

Le pire est quand on sait qui on est... Quand on sait de quoi on est capable... Quand on sait que l'on peut être à la hauteur mais, que les gens ne veulent pas nous reconnaître en tant que tel... Alors la déception, le découragement, la tristesse risquent de vous envahir.

Ne faites pas cette erreur !
Un jour viendra où vous serez reconnu... A votre juste valeur !

Vous serez même parfois plus vite reconnu par un étranger que par votre propre famille.

Un bon conseil, n'attachez y aucune importance, car le jour où vous serez reconnu par autrui en tant que -Talent - vous les verrez alors vous reconnaître de la sorte et rajouter qu'ils ont toujours cru en vous et qu'ils n'ont jamais douté de vous.

En attendant, vous êtes blessé, car vous étiez sûr que votre famille reconnaisse vos qualités.

- *Sûr de quoi ?! Sûr de qui ?!*
- *Sûr de rien ! Ni de personne.*
- *Sûr de vous ! Et rien d'autre.*

Par contre, on ne peut, jamais, être sûr des autres !

Ces « Autres » qui se méfient de vos talents et expériences, car vous pourriez leur nuire.
La preuve est que certains des « Grands » de ce monde ont été victimes de détracteurs durant leur vivant... Et hélas, seulement reconnus après leur mort.

Enfin, si vous avez du mal à être reconnu en tant que.
Pensez deux secondes aux enfants dont les parents ne les ont même pas reconnus à leur naissance.

Ça vous redonnera la patate !

L'Essentiel à retenir est :

- *N'attendez donc plus la reconnaissance pour avancer.*
- *Avancez en travaillant votre talent, et la reconnaissance de vos valeurs viendra naturellement à vous.*

Excuse

- Raison que l'on se donne pour échapper, se soustraire à un travail, s'enlever une tâche ou une corvée.

Ne pas confondre avec le verbe s'excuser qui est complètement différent.
Ce verbe étant une formule de politesse, que l'Excuse est une formule de faiblesse.

Mais comme beaucoup aime le rappeler : « Les excuses sont faites pour s'en servir ».
Alors attention, car en abuser, c'est-à-dire répondre non-stop avec des excuses, risque d'éloigner vos proches.

Pour exemple... Prenons une personne qui doit aller à la poste la plus proche pour timbrer son courrier.
Mais ce courrier traîne sur le buffet depuis trois jours.
Donc, votre conjoint vous interpelle.
« Le courrier n'est pas encore envoyé ?! ».
« Non ! Parce que... » *Et vous lui sortez trois belles excuses pour les trois jours écoulés.*

Le conjoint va donc aller la poster lui-même.
Vous, vous rigolez car vous vous êtes libéré de la corvée, et ce grâce à vos excuses.

A force... Ces excuses répétitives énerveront et mèneront à des conflits bien inutiles à votre bien être.

Pour autre exemple... Divorcé ou séparé depuis six mois, vous avez été invité par des amies, des copains, des frères et consœurs à vous distraire à vous changer les idées.

Mais vous les avez poliment remballés grâce à vos excuses fétiches pour échapper aux relations sociales.

A force, vos « amis » vont gentiment se désintéresser de vous, car s'entendre refuser continuellement leurs invitations va les user et les mener à ne plus vous inviter.

Ne vous étonnez donc pas, si vous vous retrouvez un beau jour tout seul !

Les excuses sont très souvent employées par des personnes qui n'arrivent pas à dire simplement Non ! Alors elles se trouvent des excuses bidons.

Les ados sont très forts pour ce type d'excuses... Ados qui énervent les Adultes à force d'inventer des excuses pour ne pas participer à des travaux ou activités sociales dont les cours et/ou aux tâches ménagères.

En résumé... L'excuse est la sœur de la fuite et du mensonge.

- *Le refus de vivre des Expériences Humaines qui font grandir !*
- *Le refus de partager avec des « amis » des jeux, du sport, des histoires, des expériences et relations Homme Femme.*
- *Le refus aux relations sociales qui sont vitales à votre Ouverture d'Esprit !*

En conclusion : N'oubliez pas, donner ou se donner une « bonne excuse » n'est pas se libérer de l'invitation.

C'est détourner une situation sans en donner la vraie raison.

La solution est d'être capable de dire, simplement et gentiment - Non !

Non, à la personne qui vous oblige ou qui vous invite, à quelque chose que vous ne voulez pas vivre ou... Que vous ne voulez pas faire.

Tout simplement.

Le Destin

- Le destin est supérieur à votre volonté de faire ou de ne pas faire. Il régit le cours de votre vie.
- Le destin prédit que l'histoire à venir d'un individu est déjà écrite et ne pourrait être modifiée par lui-même.

C'est motivé par des publications de panneaux publiés sur certains réseaux sociaux que j'ai décidé d'écrire ce chapitre. Publications affichant : « Le destin n'est pas une question de chance mais de choix ! ». Totalement Faux.
Ou encore : « Quoi que l'on en dise l'homme est maître de son destin » - Faux.

Il est essentiel de savoir que votre Destin est à ne pas confondre avec le Hasard !

Pour exemple... Quand une personne joue à un jeu dit de loterie et/ou de hasard... Il sait, que s'il gagne ce sera un pur hasard. Par contre, si une personne reçoit un courrier d'un notaire l'informant qu'il vient d'hériter de la ferme de sa tante Suzette... Ça, c'est le destin.

Le destin est donc déjà écrit, il est prédéterminé... Que le hasard, lui, se réinvente en chaque instant. Le hasard est fait de rencontres inopinées qui sont déterminées essentiellement par vos actions et pensées qui vont simplement attirer à vous certaines choses.

Le destin, lui, vous fait vivre des faits totalement imprévus, inattendus et incontrôlables qui n'ont rien à voir avec vos pensées et actes.

Ce qui va vous arriver est déjà prévu dans – Le Grand Livre des Destinées.
Livre qui détermine que le destin est votre destination, votre fortune, votre mission, votre santé et votre vocation.

Et vous les vivrez !
C'est comme ça et pas autrement.

Rien ne sert de culpabiliser, ni de regretter, ni de pleurer sur votre sort... C'était prévu sur votre chemin de vie.

Alors comment accepter que nous ayons tous un destin ?

Je vous invite tout d'abord à accepter que ce destin est hors de contrôle pour vous comme pour moi. Je vous conseille aussi d'accepter votre état d'être qui a été modifié ou créé par ce destin.

Refuser le destin ou le critiquer ou l'insulter ne changera rien à votre état d'être.

Par ce court chapitre, soyez rassuré... Il y a donc bien des évènements dûs au destin dont vous n'êtes, ni responsable, ni maître.

Ne culpabilisez pas... Ce n'est pas de votre faute.

Le Dialogue

- Conversation, échange d'avis.
- Discussion visant à un accord.

Je commencerai par un exemple qui m'a donné l'idée d'écrire ce chapitre.

A l'époque, lors d'une recherche d'emploi, j'ai postulé dans une société dont le nom était « Tourisme Dialogue » - Ils ne m'ont jamais répondu !

Comme quoi, certaines personnes se prévalent de savoir ou de vouloir dialoguer alors qu'elles n'en sont même pas capables... Ou plus communément, elles n'en ont pas l'envie !

Enfin, mise à part cette anecdote, le dialogue est sans nul doute une action entre deux êtres vivants.

Prenons le dialogue entre l'enfant et l'adulte... Souvent source de discorde.
Pourquoi ?
Parce qu'un enfant ne peut pas comprendre votre conversation d'adulte.
Votre vocabulaire étant trop compliqué pour lui.
Vous n'êtes donc pas sur la même longueur d'ondes.
Bref ! Comment voulez-vous ainsi dialoguer ?

Ne vous a-t-on donc jamais dit qu'un bébé et/ou un enfant ne parlait qu'avec ses yeux ?
Alors pourquoi lui poser « cinquante fois » la même question ?
Vous savez pourtant qu'il ne va pas vous répondre.
Alors réapprenez le dialogue de sourd.

Dialogue nettement supérieur au dialogue verbal des adultes ne sachant faire que du « bruit » ! Ce bruit que votre enfant déteste et que vous lui faites subir !

Enfant qui vous répondra alors comme vous.
En faisant du bruit !
Oui ! Un enfant singe et imite ses parents.

Un enfant qui veut dialoguer attire votre attention.
Mais vous, êtes-vous sûr de vouloir l'observer ?
L'écouter sans prendre parti, ni position.

Et oui, la base du dialogue est l'écoute.
En écoutant vous vous alignerez sur la même longueur d'ondes que votre interlocuteur.

Dialoguer c'est aussi parler sans s'énerver, sans toujours vouloir contredire l'autre, sans vouloir absolument avoir raison !

En conclusion... Pourquoi vous fatiguer à vouloir parler avec des gens qui n'ont pas envie de vous comprendre en prenant le temps de vous écouter ?

Écouter votre avis, votre opinion ou vos rêves qui vous tiennent à cœur et dont vous voudriez qu'ils soient compris, partagés et surtout acceptés.

La Confiance

- Sentiment de sécurité.
- Se fier à... Sans crainte ni peur d'être trompé.

Dans la vie... La confiance est une des grandes bases de votre évolution.

Sans confiance en votre enfant, en votre conjoint, en votre collègue, etc... Rien n'est possible !

Mais avant de faire confiance aux autres... Vous devez avoir confiance en Vous.

Si je devais donner un nom au frère de la confiance, je lui donnerais le nom de succès !

Il suffit de regarder les personnes qui gagnent une compétition sportive ou autres jeux... Ces personnes ont une confiance absolue en leurs talents et compétences. Une confiance aveugle en la Vie.

Par contre, les personnes qui hésitent à faire confiance en la vie et aux autres trébucheront dans la méfiance et/ou l'hésitation.

Ici, je vous invite à mettre à l'écart les Autres – Personnes – qui vous feront douter. Douter de quoi ? Douter de qui ?
De Vous !?

La confiance est un acte que deux personnes doivent vouloir et faire ensemble.
À sens unique, elle sera annulée par la personne qui s'oppose à partager ou à donner sa confiance à l'autre.

*La confiance est un contrat d'engagement libre, formel
ou informel, entre deux parties réclamant le Respect !*

*Si ce contrat moral est bafoué, c'est-à-dire non respecté
par une des deux parties, la confiance est détruite.
N'essayez donc pas de la reconstruire, de l'imposer ou de
la réinstaurer... C'est peine perdue.*

*La confiance est fragile... Très fragile.
Mais tellement bénéfique à votre Bonheur de vous savoir
en sécurité avec votre conjoint ou avec toute autre
personne dont vous attendez sa fiabilité et/ou sincérité.*

*Pour exemple concret, j'ai connu un jeune propriétaire
d'hôtel avec qui je devais collaborer en tant qu'employé
directeur de ma société locataire.
Ce type était super sympa, sauf sur son côté Général
Manager !
Un personnage qui, à chacune de nos réunions
hebdomadaires, me posait la même question finale :
« Puis-je avoir confiance en toi ? ».*

*Au début je répondais « Oui » et lui démontrais ma
loyauté à travers mon travail.
Mais après cinq réunions où j'entendais encore et encore
la même question... « Puis-je avoir confiance en toi ? ».
Je lui ai retourné la même question.*

*Surpris, il m'a répondu qu'il n'attribuait sa confiance
qu'en sa mère et personne d'autre.*

*Ce jour-là, j'ai compris qu'il n'avait rien compris à la vie
et qu'il souffrait, en plus, d'un manque de compétences,
de savoir-faire et de savoir-être.
Faire confiance aux gens était pour lui inconcevable !*

Mais pourquoi ?

Pour la simple et bonne raison que - sa maman - n'a jamais eu confiance en personne, et que faire confiance serait trahir sa mère.

C'est en tout cas, ce qu'il m'a avoué.

Comme quoi, la confiance vient de l'éducation et est une ouverture d'esprit et de cœur.

***

Il est donc essentiel de retenir que la base de la confiance en Vous vient de l'Autre !

Pourquoi ?

-    Interrogation demandant réponse.

Composé de Pour et Quoi.

Le plus beau pourquoi est celui des enfants.

Pourquoi ?
Parce qu'il est naturel !
Mais il est aussi le plus embarrassant pour les adultes
(parents, professeurs, éducateurs, etc.).

Pourquoi ?
Parce que l'adulte va essayer de répondre avec une
théorie faisant sérieux ou bon genre... Ou en prétextant
une excuse bidon... La plus classique étant : « Tu
comprendras plus tard ».
Alors que l'enfant questionne spontanément sur un sujet
ou une action qu'il ne comprend pas et dont il demande
une réponse...Tout simplement !

Notez que l'enfant a besoin de réponses Vraies, Claires et
Honnêtes à ses questions pour grandir, évoluer et
avancer sereinement dans la vie !

Comprenez donc, par cette introduction, que si vous,
adulte, vous ne vous posez plus ce fameux
« Pourquoi », Vous vous refusez le Bonheur !

Pourquoi ?
Parce que dans la vie, l'homme a besoin de réponses.
Et si vous n'obtenez pas de réponses à vos questions vous
allez ruminer, vous ronger.

Ainsi, vous resterez anxieux voire tracassé rien que par le fait de ne pas savoir !

Savoir :

- *Pourquoi votre conjoint vous a quitté ?*
- *Pourquoi votre patron vous a licencié ?*
- *Pourquoi on vous a volé et/ou menti ?*
- *Pourquoi ma mère ne me parle plus ?*
- *Pourquoi Lui et pas Moi ?*
- *Pourquoi ceci et pas ça ?*

Croyez-moi... Il vaut toujours mieux savoir – Pourquoi ? Même si, parfois, la réponse est blessante, voire décevante, surprenante, affolante ou ?

La réponse que vous recevrez sera d'office grandissante... Elle vous mènera assurément vers le soulagement.

Et qui dit soulagement dit – Mieux Être.

***

Ici... L'essentiel est de sortir des Non-Dits !

Pardonner

-       Excuser quelqu'un de la faute qu'il a commise.

*Action, quelquefois, très difficile à faire... Selon la gravité
de l'action, (l'erreur), à pardonner.*

*Entre nous... Avez-vous déjà pardonné quelqu'un ?
Vous ne savez plus... Vraiment ?
C'est bien normal, car en pardonnant vous vous êtes
libéré du sujet qui vous fâchait avec cette personne.
Par contre, si vous n'avez jamais pardonné à quelqu'un,
il y a beaucoup de chance que vous vous souveniez
toujours et encore du sujet !*

*Ne pas pardonner, c'est vous emprisonner, c'est vous
rendre malade d'une chose dont vous pouvez vous libérer
facilement.
Mais, vous avez préféré tenir tête à la personne qui a fait
une faute, que vous estimez, impardonnable !*

*Pour ma part, j'ai, aussi fait comme vous.
Et comme vous tous, j'ai condamné, j'ai accusé, reproché,
jugé et refusé de pardonner.
Parfois, je m'en vantais même en souhaitant que la
personne m'ayant blessé et/ou offensé en « crève » !*

*Puis un beau jour, après lecture d'un livre spirituel
traitant des lois divines, j'ai voulu tester la loi dite du
Grand Pardon.
La seule personne à qui je n'arrivais pas à pardonner
était mon ex-femme.
Femme qui, du jour au lendemain, m'avait assigné au
tribunal pour divorcer et par cette démarche m'enlever
ma fille de quatre ans !*

C'est donc après cinq années de combat, que j'ai décidé d'enterrer la hache de guerre.
Mais comment me direz-vous ?
Bonne question.

Même moi, je ne savais pas comment m'y prendre.
Lui téléphoner et lui dire : « Je te pardonne » ?
Passer l'info via ma fille ?
Lui envoyer un bouquet de fleurs ?

J'ai donc décidé de suivre mon intuition, mon sixième sens qui ne m'avait jamais fait défaut jusque-là.

Le Grand Pardon s'est donc passé comme ceci.

Un dimanche soir, lors de la redoutée passation de l'enfant sur le pas de ma porte, je l'ai invitée à boire un café... Calmement et simplement.
C'est alors qu'en une seconde, je l'ai vue se décomposer.
Toute tremblante, elle est rentrée et, comme une enfant, elle ne savait comment se tenir et réagir à ce 'drapeau blanc' que je venais de hisser.

Depuis ce jour, non seulement ma fille est soulagée, mais tout le monde est détendu de ne plus avoir à prendre violemment parti.

Aujourd'hui, j'ai pardonné à mes sœurs, mes parents, mes amis et autres personnes qui m'avaient par le passé, menti, trompé ou blessé.

Aujourd'hui, je n'ai plus de rancœur, ni de haine envers qui que ce soit.

*Et pourtant... Vous le savez comme moi... Les gens
peuvent être très méchants.
Certains adorent vous casser, vous ridiculiser et vous
humilier, voire vous mal traiter.*

Laissez-les donc dans leur mal être.

Ils sont inconscients et réfractaires au Bonheur !

***

L'Essentiel est de Pardonner pour te Libérer.

Le Rire

- Rire ! C'est manifester une gaieté soudaine par l'expression vocale de la bouche... Mais aussi des yeux et des muscles faciaux.
- Le Rire est l'expression d'une émotion amusée dite – Joyeuse !

Rire de Bon Cœur renforce votre système immunitaire, votre Bonne Humeur, votre Bonne Santé.

Le Rire est donc une Vitamine Essentielle !
Il exerce un massage (stimuli) de votre cage thoracique (poumons et bronches) ainsi que des muscles et organes internes de vos ventre, bas ventre et dos.

Le Rire est Anti inflammatoire et même employé dans certains instituts médicaux comme thérapie.

Le Rire suscite les endorphines qui agissent contre la douleur et provoque donc une sensation de Bien Être.

Plus connu est le Yoga du Rire, qui permet aux participants de décoincer leur diaphragme et leur cerveau récalcitrant au Rire !

A ce sujet, j'ai participé à un atelier pour y découvrir la technique employée qui, franchement, est très efficace. Mais, elle ne 'colle pas' à ce que je revendique toujours... C'est-à-dire, le Rire Emergeant Naturellement.

Il est tellement plus agréable de rire naturellement à l'image des bébés.
Bébé que vous avez été... N'est-ce pas ?

Enfant riant spontanément que vous avez été aussi.
N'est-ce pas ?
Ado riant bêtement que nous avons tous été.
N'est-ce pas ?
Et aujourd'hui Adulte, vous rêvez d'éclater de rire !
Oui, revivre un Bon Fou Rire qui fait tellement du bien
au moral !

Et si vous commenciez simplement par sourire à la vie, à
la bêtise, à la stupidité, à votre voisin, à votre collègue, à
votre famille... Ainsi, vous déclencherez déjà de la bonne
humeur autour de vous.

Le rire est reconnu hygiène de vie qui, pour la rendre
vivante, réclame un entourage de gens ouverts d'esprit
ayant de l'humour.

Qu'il soit noir ou burlesque... Absurde ou parodie...
Sarcastique ou d'autodérision... Si vous en riez... C'est le
principal !
L'Humour est le médicament par excellence.

Par ce chapitre, je ne peux que vous motiver à rire de
tout avec tous... Enfin, ceux qui ont décidé de sourire à la
vie !

***

La vie est une pièce de théâtre dont Nous ne sortirons pas
vivants !
Alors pourquoi ne pas la jouer en riant ?

Philosophie

« Oh ! Monsieur est philosophe ? ».
Vous avez déjà, sans doute, dû entendre cette expression.

Mais que veut dire exactement ce mot composé de Philo & Sophie.

Philo, est un mot latin voulant dire : Ami.
Et Sophie voulant dire : Sage.

Mais alors qu'est-ce qu'un philosophe ?
Eh bien, c'est tout simplement un Ami de la Vie qui est naturellement sage dans ses propos et ses actions.

C'est une personne qui respecte les lois de la nature.

Un philosophe adulte est donc une personne qui s'est construite, à l'image d'un ordinateur qu'on défragmente pour nettoyer le disque dur.
Disque dur étant vierge à la naissance et ayant téléchargé des programmes et logiciels bienveillants et hélas, parfois, malveillants.
Pire, contaminés par des virus dits – Malware ou encore Maliciel !

Par cet exemple... Je veux simplement démontrer qu'une personne naît philosophe mais qu'à travers les années, son subconscient (disque dur) peut être infecté par des gens « malveillants ».

Enfin, être philosophe est pour moi le résumé parfait de tous les chapitres que vous venez de lire.

Un philosophe est donc une personne qui comprend et qui sait comment vivre simplement, c'est-à-dire sans besoin de superficiel !

C'est donc quelqu'un qui est en savoir des préceptes de la vie.

C'est l'essentiel des chapitres que vous avez lus, testés et déjà mis en application, pour votre plus Grand Bonheur !

Être

-   État vivant, existant et réel.

Vivre dans le système (Matrice) sans en dépendre, ni en être prisonnier.

C'est être capable de ne pas réagir aux insultes, aux diffamations et aux dénigrements d'autrui.

C'est être droit sans jamais oublier d'être tendre.
C'est être équilibré, pas excessif ni extrémiste.
C'est être attentif à tous signes, expériences, conseils et enseignements offerts par la Vie.

C'est voir détruire son œuvre et la reconstruire sans émettre un juron.
C'est écouter et respecter son corps.
C'est quitter les milieux et personnes qui ne vous conviennent pas/plus, sans regret ni remord.

C'est être organisé, pratique et simple.
C'est penser positif optimiste.
C'est être courageux sans être combattant.

C'est partager et offrir avec le cœur.
C'est rire, s'amuser et rigoler sans gêne.
C'est suivre son intuition sans jamais s'obliger.

C'est parler avec franchise, honnêteté, respect et avec amour.
C'est avoir la foi en la vie, la chance, le hasard et le destin.

C'est être digne et humble.

C'est croire d'abord en vous avant de croire aux autres !

C'est être simplement et naturellement gentil.

C'est se connaître et se reconnaître en tant qu'être unique.

C'est dialoguer à travers une écoute.

C'est être bienveillant et empathe.

C'est arrêter de se trouver des excuses pour échapper aux expériences de la vie.

Être n'est pas paraître !

Être c'est Vivre.

Sa Vie !

L'importance

-   Gravité que l'on attribue à un événement, une situation et/ou un comportement.

Pour exemple, la plupart des gens s'effrayent pour un rien en s'exclamant : « Ça c'est grave ! ».

Mais, à bien y réfléchir... Dans la vie... Qu'est-ce qui est Vraiment Grave ?
RIEN !
Rien, si vous avez atteint le niveau de conscience, le niveau philosophique, le niveau de compréhension réclamés pour relativiser les évènements de la Vie.

C'est donc votre état d'Esprit qui dédramatise, par nature, les événements auxquels les journalistes, pour ne pas les citer, ont l'art et la manière de dramatiser.
Faits divers et autres scandales qui, en aucun cas, ne devraient vous affecter !

À défaut, je peux vous dire que votre travail vers le Bonheur demandera encore du temps... Voire, beaucoup de temps !

Il est donc important que le degré de gravité ne soit attribué que par vous seul et non par autrui.

Exemple : Si vous avez perdu votre ami et que vous trouvez cela 'grave'.
Vous n'avez pas encore compris comment évoluer vers votre Bonheur.
Pourquoi ?
Parce que vous n'avez pas assimilé, compris et testé les chapitres précédents.

Dans la vie, rien n'est grave... Tout est Naturel !
Oui, me direz-vous, mais il ne faut pas exagérer.
Quand un enfant est violenté par un adulte, c'est grave.
Oui ! Bien sûr que oui... Mais si vous examinez bien le –
pourquoi – de ce que vous qualifié « d'horreur », vous
comprendrez que cela n'est pas grave en soi.

Je m'explique.
C'est grave pour l'enfant et sûrement ses parents... Mais
pas pour Vous ! Car ces faits ne vous concernent pas.

C'est donc, encore une fois, le – TOI – qui est important
et qui nous intéresse dans ce livre.

Si TU perds un bras lors d'un accident... Seulement Toi,
et encore toi, pourras qualifier cet accident de grave.
Mais, tu n'en n'es pas mort.
Ce n'est donc pas « si grave ».

Et même si tu en étais mort...
Ce n'est toujours pas grave... Pour Toi !
Mais ce le sera alors pour les autres.

Pour dernier conseil, arrête donc d'écouter et de soutenir
les personnes qui dramatisent la vie en la traitant de
moche ou grave !
A défaut, Tu ne connaîtras jamais le Vrai Bonheur.

Je sais... Ce chapitre est dur, voire choquant.
C'est pourquoi il est en fin de livre.
C'est aussi, un peu, votre examen de conscience pour
savoir si vous allez réussir à accepter ce chapitre ou si
vous allez me trouver « grave ».

Encore une fois, seul Vous pouvez tester et constater que mes écrits, mes conseils, mes expériences sont des valeurs ajoutées.

Car, oui, j'en suis sûr !

Aujourd'hui, vous êtes plus heureux de les avoir appliqués et constatés, jour après jour, semaine après semaine, mois après mois, et ce au fil du temps.

Votre Vie est devenue un Vrai Bonheur.

Fonctionner

-    Marcher d'une façon attendue ou inattendue.

Avez-vous déjà constaté que nous fonctionnons tous différemment ? Que notre rêve, à tous, est sûrement de trouver des personnes qui comprennent et aiment notre façon de fonctionner.

Par exemple, si je suis bordélique... Vais-je chercher une personne aussi bordélique que moi, ou vais-je être séduit par mon opposé, mon contraire ?
La logique voudrait que je cherche une personne qui fonctionne comme moi... Sans quoi, je risque de m'énerver... Et ce, juste parce que l'autre, ne fonctionne pas comme moi !

C'est d'ailleurs tous ces fonctionnements divergents qui ont donné naissance au concept d'émissions télévisées, dévoilant et expliquant très bien le désarroi de certains parents en conflit avec leurs enfants.

Rappelez-vous de 'Super Nany' qui, dès son entrée en scène, décomposait la tête des parents. Super Cathy Sarraï intervenante – psychologue – spécialiste du comportement des enfants et/ou ados, intégrant leur foyer pour réorganiser et refixer un mode de fonctionnement efficace pour aider les enfants ayant perdu leurs repères.
Les repères étant, dans ce cas précis, le père et la mère ne sachant pas comment organiser la vie de famille au sein du ménage... Alors que pour vivre dans le bonheur, vous devez fonctionner « correctement ».
C'est-à-dire avec un cadre 'règlement' de fonctionnement touchant aux rôles et respects de chacun.

Ceci restant un essentiel pour vivre Heureux.

Pour autre Histoire...

À l'époque, je faisais de la compétition cycliste.
Mon entraîneur préconisait des régimes alimentaires
ainsi que des plannings de roulages et de massages pour
toute l'équipe.
Mais, ces programmes ne me convenaient pas.
Impossible de pousser énergiquement sur les pédales.

J'ai donc décidé de chercher, mais surtout de répondre, à
ce que mon corps réclamait pour bien fonctionner.

Le résultat n'a pas tardé... Le week-end suivant me vit
terminer 2ème de la course.
Une victoire ! Pour avoir eu l'audace de ne pas avoir
respecté l'entraineur et ses méthodes... Enfin Heureux
d'avoir retrouvé la force et le bonheur de pédaler.

En conclusion, j'admets que bon nombre de gens n'ont
pas toujours eu en mains le mode d'emploi de leur
voiture achetée d'occasion pour bien la faire
fonctionner... Mais, pour l'homme, il n'y a pas de mode
d'emploi.

Il n'y a que votre Cœur et votre Intuition qui vous
indiqueront, sans jamais vous mentir, le bon
fonctionnement à adopter pour vivre en harmonie avec
vos amis, collègues et autres... Sans oublier d'être au Top
de votre Forme ! Côtés physique et mental.

Bien fonctionner est Essentiel à votre Bonheur de Vivre
Heureux !

Les Lois Essentielles

1. Garde le silence dans les moments de turbulences en t'en éloignant. Le calme est ton meilleur allié pour vivre Heureux.

2. Ta perception du monde extérieur fait partie de ton monde intérieur. Quand tu parles mal des autres, tu parles mal de toi-même. Tu leur fais du mal et tu te blesses toi-même. Aime ces Autres... Mais, surtout... Aime-Toi.

3. Concentre ton attention sur les choses que tu aimes le plus en te rappelant que ce à quoi tu résistes persiste. Si tu te concentres sur le négatif, tu vas le faire grandir. Si tu te concentres sur le positif, tu le feras grandir aussi. Alors que choisis tu ?

4. Souviens-toi que tout le monde paye de vieilles dettes (actions) appelées « karmiques ». Accepte-les calmement... Elles sont là pour te grandir (guérir) d'un passé douloureux. Si tu les refuses... Les douleurs persisteront... Elles reviendront te faire souffrir jusqu'à ce que tu les prennes en compte, les comprennes et les acceptes.

5. Ce qui semble réel n'est qu'un tableau dessiné par ton imagination. La Réalité est créée par tes actions et pensées. Change d'état d'esprit et de vision... Et tu changeras la réalité.

6. Pardonner, lâcher et libérer le passé est souvent difficile, mais nécessaire. Ces sentiments négatifs de rancœur sont ceux qui soutiennent le cycle du karma.

Tu dois le « casser »... Fais-le ! Sinon, le manège ne s'arrêtera jamais !

7. Parle toujours positif ! Les mots forment aussi la réalité, tant la tienne que celle des autres. Fais attention à ce que tu dis et écris. Sois positif et choisis très bien chaque mot.

8. Médite le plus souvent possible... C'est la meilleure façon de calmer ton mental et de prendre contact avec ton être « spirituel » – Ton cœur... Celui qui ne se trompe jamais.

9. Visualise des situations agréables pour Toi et tes proches. Ce qui existe dans ton esprit se manifestera dans la réalité. Crée cette réalité, tant pour toi que pour tes amis et tes proches. Ceci engendrera du Bonheur.

10. Donne de l'Amour avec ton cœur... Pas avec ta tête, ni avec de l'argent ! L'amour guérit... Il ne détruit rien, ni personne ! L'Amour restaure.

L'AMOUR INCONDITIONNEL est l'unique médicament qui rend les gens Heureux et en Bonne Santé.

Conclusion

- Nous fonctionnons Toutes & Tous de la même façon.

Nous sommes un corps vivant habité d'une Âme appelée : Corps électrique, dans une machine appelée : Corps physique.

Votre Âme est votre Conscient d'Être.

- *Elle est locataire d'un corps tel un immeuble à entretenir au mieux. Résidence ayant traces de toutes vos histoires.*

- *Elle abrite également vos blessures et votre foi en la Vie.*

La 2ème composante de l'être est votre Cœur.

- *Il est non seulement Amour, Affection et Amitié... Mais aussi intuition et surtout compassion. C'est votre guide !*

- *Il représente les bons choix et les besoins pour se réaliser pleinement et être en joie de vivre.*

- *Il est donc aussi le pansement ou la bouée de secours de l'Âme.*

La 3ème composante est l'Esprit.

- *Il est critique ou créatif – Ouvert ou Fermé – Positif ou Négatif.*

-    *Il est le moteur, l'énergie de motivation en cas de panne de Cœur et/ou de l'Âme épuisée.*

C'est lui qui vous met des coups de pieds au cul !

Il vous fait bouger dans – l'Action Réaction.
Il débloque les situations angoissantes et emprisonnantes.
Il est instinct de survie.
Il veut vous voir Libre - Heureux de Vivre.

FIN

Remerciements

A tous mes Maîtres en la matière.

A Vous, mes chers lecteurs qui me faites un énorme plaisir de vos retours après lecture de mes ouvrages.

Vous ! À qui je donne rendez-vous en librairies, en salons, en conférences, en coachings ou encore dans vos écoles, bibliothèques ou centres culturels.

Et pourquoi pas chez vous, si vous désirez organiser un Apéro Conférence sur la Thématique du Bien Être.

A Sandrine mon assistante.

De tout cœur MERCI à Toutes & Tous.

Philippe

Du même Auteur

« *Comment Vivre dans le Bonheur* »
Edition Société des Ecrivains – Epuisé.

« *L'Art de Vivre sans Mal Être* »
Ebook – Edition Numilog.com
Broché – Auto Edité PHH

« *Autorisez-Vous l'Evidence* »
Broché & Ebook – Edition Edilivre.com

« *Re Trouve Toi* »
Ebook – Edition Numilog.com
Broché – Auto Edité PHH

Table des Matières